Vorhang auf für dein wundervolles Leben

Radleigh Valentine

Vorhang auf für dein wundervolles Leben

Eine magische Reise zu deiner wahren Bestimmung

Aus dem Englischen übersetzt von Diane von Weltzien

Ansata

Die Originalausgabe erschien 2017 unter dem Titel
»How To Be Your Own Genie« bei Hay House Inc. USA.

FSC www.fsc.org
MIX
Papier aus verantwortungsvollen Quellen
FSC® C014889

Verlagsgruppe Random House FSC® N001967

Erste Auflage 2018

Originally published in 2017 by Hay House Inc. USA

Redaktion: Ulrike Strerath-Bolz
Umschlaggestaltung: Guter Punkt unter Verwendung eines Motivs von Lidiebug / thinkstock
Satz: Satzwerk Huber, Germering
Druck und Bindung: Pustet, Regensburg

ISBN 978-3-7787-7543-1
www.Integral-Lotos-Ansata.de
www.facebook.com/Integral.Lotos.Ansata

Für Sammie

Inhalt

Statt einer Einleitung – Das Leben ist Magie! 8
1. Die Dschinnie in dir 17
2. Heraus aus der Wunderlampe! 34
3. Welche Wünsche gestattest du dir? 48
4. Magie bewirken 57
5. Deine magischen Helfer 82
6. Alltagsmagie 122
7. Lebensmagie 144
8. Diese nervigen anderen Dschinnies 171
9. Dschinnie-Liebe 184
10. Wenn es mit der Magie scheinbar nicht klappt 214
11. Dschinnie-Freude 229
Die Magie in dir 243

Dank 251
Über den Autor 255

Statt einer Einleitung

Das Leben ist Magie!

Du bist wunderbar.

So ist es, du kannst mich beim Wort nehmen. Ich sagte: Du bist wunderbar. Erstaunlich. Entzückend. Na gut, vielleicht auch ein bisschen verschroben, aber nur im besten Sinne. Du bist witzig, aber zugleich nachdenklich. Auf brillante Weise einzigartig. Anders ausgedrückt: Du bist ein Wunder. Und ich vergöttere dich.

Wie lange ist es her, dass jemand so etwas zu dir gesagt hat? Im Idealfall war es heute Morgen beim Aufstehen! Das hätten deine ersten Worte an dich beim ersten Blick in den Spiegel sein sollen.

Doch mir ist klar, dass es schwierig sein kann, sich als etwas Besonderes zu fühlen. Schließlich leben gemäß der letzten mir bekannten Zählung 7,5 Milliarden Menschen auf unserem Planeten. Und es kann einem leicht so vorkommen, als seien sie alle auf Facebook, Instagram, Twitter oder Snapchat – oder auch auf all diesen Plattformen zugleich. Unablässig werden wir von den atemberaubenden Leistungen all der Bewohner des Planeten in Kenntnis gesetzt. Inzwischen ziehst du deine Kinder groß, versuchst zugleich irgendwie deinen Job zu behalten und deinen Körper gesund zu erhalten. Dein Terminkalender ist so voll, dass du Mühe hast, eine eigene atemberaubende Leistung einzufügen.

So könnte es dir vorkommen, aus deiner Perspektive jedenfalls.

Aber vergiss bitte nicht, dass wirklich jeder Mensch auf dem Planeten einzigartig und besonders und erstaunlich ist. Zwar stimmst du dieser Behauptung sicherlich auf einer bestimmten Ebene zu, aber ich weiß auch, dass dieser Zustimmung das Flüstern einer inneren Stimme folgt, die da behauptet: *Ja, natürlich. Nur du nicht. Alle sind einzigartig, nur du nicht.*

Ich kenne diese innere Stimme. Ihr Name ist »das Ego«. Auch ich war das Opfer seiner Fesseln, mit denen es einen hindert, das Glück zu finden. In meinem Leben gab es Zeiten, in denen war ich restlos davon überzeugt, keiner meiner Träume ließe sich jemals verwirklichen.

Doch dann passierte etwas.

Ich entdeckte, dass das Leben Magie ist!

Die Veränderung stellte sich nicht über Nacht ein. Nach und nach erkannte ich, dass nicht nur die Welt von Magie erfüllt ist, sondern auch meine Person.

Und dann war ich frei.

Von Geburt an »anders«

Ich war von Geburt an »anders« als andere. Schon wenn ich diesen Satz niederschreibe, muss ich lachen, weil er eine lächerliche Untertreibung ist. Ja, als meine wunderbare Mutter in die himmlische Glückseligkeit eintrat, lauteten ihre letzten an mich gerichteten Worte: »Dich als meinen Sohn zu haben war … *anders*.« Für manch einen wäre eine solche Mitteilung sicher schockierend, doch meine Schwester und ich fanden sie urkomisch, einfach weil sie absolut zweifelsfrei zutreffend war!

Doch als Kind war dieses Anderssein nicht besonders lustig. Und auch in den nachfolgenden ungefähr dreißig Jahren meines Lebens konnte ich dem Anderssein nur wenig abgewinnen. Um die Wahrheit zu sagen: Wenn ich autobiografische Einzelheiten in diesem Buch hätte vermeiden können, nichts wäre mir lieber gewesen. Doch die besten Lektoren der Welt haben mir erklärt, dass es nicht ausreicht, euch Lesern einfach nur zu *sagen*, dass das Leben magisch ist, ich muss es euch *zeigen!* Und damit wird mein eigenes Leben zu meinem »Beweisstück A«!

Mir ist hundertprozentig klar, welchen Sinn mein Leben hat – unter anderem den, euch zu zeigen, dass das Leben tatsächlich Magie *ist!* Dass ihr magisch seid. Und dass ihr, indem ihr den Vorstellungen dieses Buches folgt, *euer* Leben ebenso verwandeln könnt wie ich das meine.

Auf welche Weise ich anders war? Nun, meine erste übersinnliche Erfahrung machte ich im Alter von fünf Jahren. Ich wachte mitten in der Nacht auf, blickte aus dem Schlafzimmerfenster und sah, wie mein bester Freund starb. Falls du dich fragst, was daran so merkwürdig ist: Nun, es war unmöglich, das Zuhause meines Freundes durch mein Schlafzimmerfenster zu sehen. Ich alarmierte meine Eltern, und sie handelten sofort. Unglücklicherweise verfuhr sich der Krankenwagen, und mein Freund musste trotzdem sterben.

Danach weigerte ich mich wochenlang, mein Schlafzimmer auch nur zu betreten. Schließlich nahm mich meine Mom bei der Hand und führte mich in unser oberes Stockwerk. Dann setzten wir uns auf mein Bett, und sie erklärte mir, dass ich eine besondere Begabung hätte, die mich nicht ängstigen solle und die ich niemals in Zweifel ziehen dürfe. Zwar war meine erste Begegnung mit dem Übersinnlichen traumatisch, aber ich hatte zum Glück eine sehr verständnisvolle Mutter, die mir durch meine Verwirrung half.

Eine weitere Besonderheit ist meine teils indianische Herkunft seitens meiner Mutter und meines Vaters: Zwei meiner Urgroßmütter waren Cherokee-Indianer. Ich vertrete die Auffassung, dass wir grundsätzlich unter dem Einfluss unserer Vorfahren stehen, auch wenn wir uns seiner Wirkung nicht immer bewusst sind. Der Klang von Stammesmusik beeinflusst mich zutiefst, auch wenn ich sie nur im Vorbeigehen etwa im Flughafen höre.

Und drittens? Meine erste Liebesbotschaft mit dem Wortlaut »Ich liebe dich … liebst du mich auch?« schrieb ich im Alter von sechs Jahren und richtete sie an einen *Jungen* – praktisch outete ich mich damit bereits in der ersten Klasse. Leider lebte ich in einem Teil der Vereinigten Staaten, in dem sich dieses Ereignis ungünstig auf meinen Freundeskreis auswirkte, anders gesagt, ich hatte bis zur Highschool praktisch keine Freunde und zog mich in eine Fantasie- und

Science-Fiction-Welt zurück. Und meine Collegezeit beendete ich »aus Versehen« mit einem Abschluss als Buchhalter.

Alles zusammengenommen war ich also ein medial veranlagter, teils indianerstämmiger, schwuler, nerdiger amtlich zugelassener Buchhalter.

Wie bitte? Bekommt man diese Schlagworte überhaupt alle unter einen Hut?

Es scheint so.

Und um mein Leben noch komplizierter zu machen, neigte mein zumeist abwesender Vater, wenn er doch einmal anwesend war, zu emotionalem Missbrauch und wurde manchmal gewalttätig. Man kann sich gut vorstellen, dass ich es vorzog, wenn er abwesend war.

Doch erwähnte ich ja bereits, dass ich als Kind die wunderbarste Mutter und eine wunderbare Schwester hatte. Meine entferntere Verwandtschaft lebte leider ziemlich weit entfernt, und so bestand meine Kindheit im Wesentlichen aus meiner Mom und meiner Schwester, einem beunruhigend großen Berg Legosteinen und ein paar ziemlich coolen Hunden.

Außerdem verfügte ich über eine einzigartige übersinnliche Begabung, mit der mich Gott gesegnet hatte, und über einen Furcht einflößenden Schutzengel namens Joshua.

Der genesende amtlich zugelassene Buchhalter

Nachdem ich die Highschool überstanden hatte, tauschte ich meinen Heimatort so schnell wie möglich gegen ein sehr schönes College ein. Dass ich mich auch dort nicht einfügen konnte, liefert nur einen weiteren Beweis dafür, dass das Universum einen verdrehten Sinn für Humor hat.

Wie die meisten Anfänger im College hatte auch ich nicht die geringste Ahnung, was ich mit meinem Leben anfangen wollte. Ich belegte Musik und Tanz als Hauptfächer, wechselte dann zu Psychologie und schließlich zu Betriebswirtschaft. Als mir schließlich ein Licht aufging, war mein Betriebswirtschaftsstudium schon so weit fortgeschritten, dass ich nicht mehr rauskam. Ich beendete meine Ausbildung also mit diesem »versehentlich« gewählten Abschluss als Buchhalter. Wer mich kannte, war schockiert. Am meisten ich selbst.

Ich bezeichne mich gerne als »genesenden amtlich zugelassenen Buchhalter«, aber das ist nur witzig gemeint (*meistens*). Das Leben als Buchhalter war gar nicht so schlecht. Ob ich glücklich oder unglücklich war, hing einzig davon ab, *mit wem* ich zusammenarbeitete. Wenn ich meine Altersgenossen und Mitarbeiter mochte, dann war alles in Ordnung. Wenn nicht, dann ging es mir dreckig.

Kein Zweifel: Mit mir hatte diese Arbeit nichts zu tun. Doch damals hatte ich keinerlei Vorstellung davon, wer ich überhaupt war. Das änderte sich, als ich Anfang dreißig war und sich in mir der Wunsch entwickelte, meine übersinnliche Begabung näher zu erforschen. Die organisierten

Religionen erschienen mir nicht vertrauenswürdig; dennoch erfüllte mich ein tiefes Bedürfnis, meine Spiritualität irgendwie zum Ausdruck zu bringen. Für mich bedeutete das, ins Reich der Engel einzutauchen.

Rückblickend erscheint mir meine Neigung zu Engeln nur natürlich. Auch wenn ich es damals noch nicht wusste, hatte mein Schutzengel Joshua seit meinem fünften Lebensjahr seine »Auftritte« in meinem Leben gehabt. Inzwischen weiß ich, dass es Josh war, der mich in jener furchtbaren Nacht weckte, als mein Freund diese Erde verließ. Außerdem war Joshuas Gegenwart insbesondere im Alter um die zwanzig Jahre spürbar, als ich mit meiner Identität zu kämpfen hatte. Damals wusste ich bereits, dass es Engel gibt, aber ich hatte Joshua noch nicht kennengelernt. Ich wusste weder mit meinem Herzen noch mit meinem Verstand, dass es Schutzengel gab, die sich eigens um mich kümmern.

Mit zwanzig verliebte ich mich zum ersten Mal. Diese neunmonatige Romanze zeigte eine starke Wirkung auf mich. Als sie zu Ende ging, war ich am Boden zerstört; ich war mir sicher, den Rest meines Lebens allein bleiben zu müssen. Während ich mir die Augen ausweinte, hörte ich plötzlich eine Stimme, von der ich später wusste, dass es die Joshuas war: »Du wirst nicht alleine sein.« Ein Gefühl tiefen Friedens erfasste mich, und ich stand in dem Wissen auf, dass alles gut würde.

Nachdem mein erster »netter« Buchhalterjob zu Ende ging, landete ich in einer wirklich miesen Anstellung. Heute glaube ich, das war der erste Versuch des Himmels, mich von der Vorstellung zu befreien, dass ich den Rest meines Lebens als Buchhalter arbeiten müsse. Ich konnte den miesen Job durch einen weiteren, eher netten ersetzen, doch auch der ging schließlich zu Ende und führte zu einer dritten, noch mieseren Anstellung.

Immerhin bildete ich mich in dieser Zeit spirituell weiter. Ich trainierte meine übersinnlichen Muskeln, indem ich göttliche Führung von oben zuließ und intuitive Deutungen für Freunde und Verwandte vornahm. Und ich fand heraus, dass ich darin richtig gut war. Ich entdeckte die Tarotkarten für mich und war fasziniert. Meine spirituelle Ausbildung, die vor dreißig Jahren begann, setzt sich bis zum heutigen Tag fort. Außerdem erkannte ich, dass es mich zutiefst beglückte, anderen mit meiner übersinnlichen Begabung weiterzuhelfen. Ich fühlte mich wie Harry Potter, der entdeckt, dass Magie real ist.

Dann entdeckte ich den Verlag Hay House und verliebte mich in seine Bücher und Autoren. Ich belegte Kurse bei ihren Lehrern und erkannte irgendwann, dass es mein Herzenswunsch war, *selbst* einer der Autoren von Hay House zu sein.

Ich wollte ein spiritueller Lehrer und Autor sein … aber nach wie vor war ich ein *amtlich zugelassener Buchhalter*.

Was denn? Das ist doch kein Problem! Das sollte ja wohl eine eher leichte Veränderung sein, oder?

Tja,weißt du was? Das war es *tatsächlich*.

Mein spiritueller Weg trat in mir in Form des Bewusstseins zutage, dass uns alle Ereignisse letztlich *irgendwohin* führen. Lassen wir uns auf die göttliche Führung ein, dann ist dieses Irgendwo ein beglückender Ort. Gestatten wir es jedoch Angst und Besorgnis, unsere Schritte zu lenken, dann ist das Irgendwo meist nicht so großartig.

Ich erkannte, dass der Himmel mein Glück *will.* Gott schubste mich immer hin zur Freude, auch wenn sich das meistens nicht gleich so anfühlte. Ich hatte die Magie in mir entdeckt – und ihre Verknüpfung mit dem Göttlichen. Ich wusste, dass ich über die notwendige Magie verfügte, um meine Träume zu verwirklichen.

Und bei *dir* ist es nicht anders!

Eine Einladung an dich

Dein Leben soll voll von erfüllten Wünschen und verwirklichten Träumen sein. Denn du trägst die Magie in dir, genau das geschehen zu lassen.

Und das heißt: Du kannst *dir selbst dein eigener dienstbarer guter Geist* sein! Deine eigene bezaubernde »Dschinnie« – so werde ich diesen Geist von jetzt an nennen.

Ich will dich auf eine magische Reise mitnehmen. Ich will dir alles beibringen, was ich bis heute über die Manifestation des Glücks herausgefunden habe, über den Beruf deiner Träume und die wahre Liebe. Ich will dich mit der Dschinnie in deinem Inneren bekannt machen und dir zeigen, wie du deine Magie einsetzen kannst, um das Leben zu führen, das du dir schon immer ersehnt hast.

Mein Name ist Radleigh Valentine, und ich führe ein magisches Leben. Ich lade dich dazu ein, dasselbe zu tun.

1

Die Dschinnie in dir

Das Leben ist Magie. Im Ernst, so ist es. Alles, was du siehst, spürst und was dir etwas bedeutet, ist durchdrungen von Magie. Für Menschen, die ein magisches Leben führen, ist diese Tatsache unübersehbar. Aber du musst dir keine Sorgen machen, falls die Zusammenhänge für dich nicht so offensichtlich sind, denn ich kann dir beibringen »zu sehen«! Der erste Schritt ist die Erkenntnis, dass in dir eine magische Manifestationskraft wohnt, die ich deinen »inneren dienstbaren guten Geist« nenne. Oder eben deine »Dschinnie«.

Vielleicht ist dir aufgefallen, dass *Geist* wie *Gott* mit einem G anfängt? Der gleiche Anfangsbuchstabe unterstreicht das gemeinsame Prinzip, denn wir sind alle miteinander verbunden, egal ob wir dem Begriff Gott, Übernatürliches, Quelle oder Universum den Vorzug geben. Wir alle sind eins mit Gott, und in jedem von uns wohnt ein Funke Gottes.

Die magische Kraft in dir, der Teil von dir, der es dir gestattet, ein durch und durch magisches Leben zu führen, ist der Funke *Gottes* in dir. Mit anderen Worten: Die magische Manifestationskraft des dienstbaren guten Geistes in deinem Inneren ist deine direkte Verbindung zu Gott.

In diesem Kapitel erkläre ich dir, wie du Zugang findest zu dem dienstbaren guten Geist in deinem Inneren und was – bisher – die Nutzung deiner magischen Manifestationskraft verhindert haben könnte.

Was ist magische Manifestationskraft?

Ich habe mich entschieden, ein magisches Leben zu führen. Aber was bedeutet das wirklich, und was will ich zum Ausdruck bringen, wenn ich den Begriff »magisch« verwende?

Wenn ich sage: »Das Leben ist magisch« oder: »In uns allen fließt eine magische Manifestationskraft«, dann meine ich damit jene göttliche Energie, die uns alle miteinander verbindet. Ich selbst erlebe diese Energie als vollkommene Freude. Sie ist die Kraft unendlicher Möglichkeiten und eines selbstbestimmten Lebens.

Bei dem Wort »magisch« stellen wir uns gerne überwältigende Dinge vor, die sich in unserem Leben ereignen. Manchmal trifft das sogar zu. Doch wie bei einer Lawine, die sich aus einem faustgroßen Schneeklumpen auf dem Weg hinunter ins Tal entwickeln kann, beginnt das Magische in unserem Leben meistens mit kleinen Dingen, die sich erst mit der Zeit in größere Bestandteile unserer sich manifestierenden Träume verwandeln. Magisch geht es dann zu, wenn wir uns dazu durchringen, an Magie zu *glauben*.

Alles, was jeder Einzelne auf unserer Erde tut, ist von gewaltiger Bedeutung. Entscheidend ist aber nicht unbedingt, *was* wir tun, sondern wie wir unser Handeln *wahrnehmen*.

Manche Menschen sagen, unsere Wahrnehmung ist die eigentliche Wirklichkeit. Da gehe ich mit. Ich bin auch der Meinung, dass unsere Wahrnehmung von der Welt in vielerlei Hinsicht bestimmt, in welcher Welt wir letztlich leben. Aber auch Magie wird durch Wahrnehmung zum Leben erweckt. Beispielsweise könntest du günstige Fügungen als nett, aber nicht wirklich beachtenswert wahrnehmen. Du könntest die freundlichen Worte eines Unbekannten als angenehm, aber folgenlos interpretieren, sogar dann, wenn du sie gerade verzweifelt dringend brauchst. Vielleicht nimmst du Fingerzeige des Himmels ebenso wenig wahr wie weiße Federn oder Münzen auf dem Boden oder Schmetterlinge. Oder wenn du es doch tust, denkst du dir nichts dabei.

Ich möchte dich jedoch dafür gewinnen, solche Ereignisse als magische Auftritte des Universums zu betrachten. Als Hinweise darauf, dass du dich auf dem richtigen Weg befindest. Als Wink, dass deine Bedürfnisse zur Kenntnis genommen und dass Maßnahmen getroffen werden, sie zu erfüllen. Kurz gesagt: als Botschaften der Liebe.

Ein magisches Leben zu führen, das ist untrennbar verbunden mit Vertrauen. Es beruht auf dem Glauben, dass du glücklich sein sollst, und auf dem Wissen, dass du deine Träume verwirklichen kannst. Ein magisches Leben zu führen setzt Vertrauen darauf voraus, dass du dich auf einem göttlichen Weg befindest, der dich zu etwas Wunderbarem führt.

Es bedeutet außerdem, dass du an den dienstbaren guten Geist in deinem Inneren glaubst, der nur darauf wartet, dass du endlich deine Wünsche äußerst.

Wenn es darum geht, ein magisches Leben zu führen, dann ist nichts unwichtig. Ich suche in *allem*, was geschieht, eine Bedeutung. Manchmal gelingt es mir nicht, den Sinn zu fassen. Meine längste Suche nach der Bedeutung eines Ereignisses in meinem Leben dauerte acht Jahre. Doch in all dieser Zeit zweifelte ich niemals daran, dass das Ereignis eine Bedeutung hatte. Als ich sie endlich begriff, erkannte ich dieses Ereignis als eine der entscheidenden Begebenheiten in meinem Leben! Es mag verlockend erscheinen, die Dauer des Wartens mit der Bedeutung eines Ereignisses in Verbindung zu setzen, aber Bedeutsames kann sich auch *augenblicklich* manifestieren.

Wenn du fortwährend auf das achtest, was das Göttliche dir präsentiert, dann kann dir die Magie des Lebens unmöglich entgehen. Vertraust du darauf, dass alles (und ich meine wirklich alles!) in deinem Leben allein deshalb geschieht, um dich Gott und der Lebensfreude näher zu bringen, dann findest nicht du das Glück, sondern es findet *dich*!

Allerdings geht es natürlich nicht immer nur um dich. Ab und zu erhältst du die Gelegenheit, eine Rolle in einem magischen Augenblick im Leben eines anderen zu spielen. Beispielsweise könnte ich Anteil haben an einem Augenblick, der für mich ohne magische Belange ist, aber meine Teilhabe an diesem Moment könnte einem Mitmenschen seine Magie erst offenbaren. Weil ich derart auf die Magie des Lebens eingestimmt bin, sehe ich mich oft in der Lage, anderen den magischen Gehalt ihrer gerade gemachten Erfahrungen zu erklären. Nur eine Frage von rechtem Ort und rechter Zeit? Ein einfacher Zufall? Oder hat mich der Himmel an einen Platz gestellt, an dem ich einem Mitmenschen zur Wahrnehmung der Magie verhelfen konnte?

Hier ein Beispiel. Vor gar nicht langer Zeit befand ich mich bei einem Spaziergang an einer belebten Straße im Gespräch mit einer Freundin. Sie quälte sich mit der Frage, ob sie ihren Job kündigen sollte, um ihre eigene Bäckerei zu eröffnen. Während sie mir das Für und Wider darlegte, fiel mein Blick auf ein Werbeplakat auf der gegenüberliegenden Straßenseite. Ich musste lachen und deutete auf das Plakat:

Tu's einfach!

stand dort zu lesen. Meine Freundin stand mit dem Rücken zu dem Plakat und hätte es ohne meinen Hinweis vermutlich gar nicht gesehen. Ein magischer Augenblick, der mit meinem eigenen Leben absolut nichts zu tun hatte. Ich war nur da, um sie auf den magischen Fingerzeig des Himmels aufmerksam zu machen.

Solche Momente beweisen mir, dass das Göttliche durch die Dschinnie in meinem Inneren wirkt, um die Verwirklichung von Wünschen zu ermöglichen. Ich *vertraue* auf Magie, also verschafft mir das Leben wunderbare Gelegenheiten, um von ihr zu sprechen.

Hüte dich vor Egotrips!

Das größte Hindernis für den Zugang zu deiner inneren Dschinnie ist dein Ego. Mit Ego meine ich den Teil von dir, der dir gerne Steine in den Weg legt. Es ist der Aspekt deines Bewusstseins (und manchmal deines Unbewussten), der dir sagt, dass du nicht gut genug bist. Dass du, aus welchem Grund auch immer, deines Glücks und Erfolgs oder eines magischen Lebens nicht würdig bist.

Dein Ego veranlasst dich, dein Verhalten im Nachhinein zu kritisieren und die Erreichbarkeit deiner Ziele zu bezweifeln. Es will dich davon überzeugen, dass du zwar ein Anrecht auf Gott und die Magie des Universums hast, dass du aber von ihnen abgeschnitten bist. Es ist die quengelige Stimme in dir, die dir vorhält, dass du nicht hübsch, dünn, lustig, gescheit genug und eben in jeder Hinsicht *nicht genug* bist.

Ich weiß nicht, wie es dir ergeht, aber ich denke ernsthaft darüber nach, vor Gericht eine einstweilige Verfügung gegen mein Ego zu erwirken. Irgendetwas, was es ihm verbietet, sich mir auf mehr als zehn Schritte zu nähern oder überhaupt mit mir zu reden. Wäre das nicht das Beste? Aber leider ist unser Ego an uns festgenäht wie Peter Pans Schatten. Wo auch immer du hingehst, dein Ego ist bei dir.

Dein Ego meint es eigentlich nicht böse. Es will dich vor Enttäuschungen, Traurigkeit und vor emotionalem oder physischem Schaden beschützen. Doch tatsächlich hält es dich von dem Glück fern, das der Zugang zur Magie des Lebens dir ermöglicht. Mit der Schaufel in der Hand tut dein Ego ständig alles, damit dein Wissen um deine magische Manifestationskraft verschüttet bleibt.

Schon in deiner Kindheit wird weitgehend festgelegt, wie viel Macht dein Ego über dich hat. Wenn deine Eltern ängstliche oder ständig besorgte Menschen waren, dann haben sie dir diese negative Energie vielleicht ungewollt eingepflanzt. In ihrem Wunsch, dich zu lieben und zu beschützen, haben sie den unglücklichen Einfluss deines Egos auf dein Leben vielleicht sogar noch verstärkt. Weil sie dir Erfolg wünschten, haben sie dich vielleicht wieder und wieder auf

Eigenschaften hingewiesen, die »nicht genügen«. Möglicherweise hast du dir ihre kritischen Worte zu Herzen genommen und dir damit die Neigung anerzogen, die negativen Einflüsterungen deines Egos anzuhören und ihnen zu glauben.

Aber du darfst ihm nicht glauben! Wenn dein Ego dir weismachen will, dass du dich wie ein Erwachsener benehmen sollst, dass du die Anforderungen nicht erfüllst oder dass es keine Magie in der Welt gibt, dann tu, was ich auch tue: Steck die Finger in die Ohren und sag: »Lalalalalalalala!«

Das kann das Ego nicht ausstehen.

Das ewige Kind

Um die Dschinnie in deinem Inneren zu wecken und zu ermächtigen, damit sie das herbeischafft, was dich glücklich macht, musst du erst einmal erkennen, dass in dir eine magische Manifestationskraft wohnt. Die meisten Menschen haben jedoch keinen Zugang zu diesem Teil ihres Selbst. Ähnlich wie das »innere Kind«, das auf den spielerischen und sorgenfreien Aspekt in dir verweist – der deinem Bewusstsein verborgen sein mag –, so stellt auch der dienstbare gute Geist in deinem Inneren deine Verbindung zur Magie des Universums dar, deren Existenz dir möglicherweise nicht bewusst ist.

Ich habe gute Gründe, das »innere Kind« mit deiner inneren Dschinnie zu vergleichen. Unsere Fähigkeit, die magische Manifestationskraft in unserem Leben freizusetzen, ist dann am stärksten, wenn sie aus Freude, reiner Intention und Vertrauen entspringt. Für Kinder ist das ganz natürlich. Wir betreten diese Welt unschuldig, voller Vertrauen und in der selbstverständlichen Erwartung, dass unsere Bedürfnisse auf magische Weise erfüllt werden. Als Kinder des Göttlichen sind wir ein ewiges Beispiel der Liebe oder eben »ewige Kinder«!

Zugang zu der Dschinnie in deinem Inneren findest du über dein ewiges Kind. Du verdienst die lebenslange, freudige und erhebende Erfüllung deiner Bedürfnisse!

Dein Ego wird versuchen, dich davon zu überzeugen, dass jeder Mensch einzigartig und wunderbar ist, nur du nicht. Die Kontaktaufnahme mit dem dienstbaren guten Geist in deinem Inneren wird diese falsche Vorstellung auslöschen. Auch deine magische Manifestationskraft ist einzigartig, und indem du sie kennenlernst, wirst du herausfinden, dass auch du etwas Besonderes bist. *Du* bist staunenswert. Es gibt keinen anderen Menschen, der so ist wie du, und deshalb braucht dich die Welt so authentisch wie möglich, ganz egal, was andere dazu meinen.

Denn … du bist *wunderbar*.

Erlange die Kontrolle über dein festgefahrenes Denken

Die Kontaktaufnahme mit der Dschinnie in deinem Inneren setzt voraus, dass du dein Ego bewusst wahrnimmst. Sie erfordert auch Kontrolle über deine Gedanken, denn sie sind es im Wesentlichen, die deine Wünsche zum Ausdruck bringen.

Gedanken haben große Macht. Die Gedanken und Gefühle, auf die wir unsere Aufmerksamkeit richten, diktieren uns unsere Erfahrungen. Leider konzentrieren sich die Außenwelt mit ihrem Geplapper und auch unser innerer Dialog auf das, was wir als falsch und nicht wunschgemäß wahrnehmen. Für die wunderbaren Dinge, die sich Tag für Tag ereignen, haben wir leider immer nur wenig Zeit – wenn sie uns überhaupt auffallen.

Entsprechend stark sind wir an negatives Denken gewöhnt. Man sagt uns, dass das Leben nicht fair ist, also nehmen wir grundsätzlich erst einmal das Schlimmste an. Wir sollen unsere Träume und unser Vertrauen in unsere magische Manifestationskraft aufgeben, damit wir Berufe ergreifen, die uns unglücklich machen, und auf diese Weise die Erfolgserwartungen der Gesellschaft erfüllen.

Denke einen Augenblick lang darüber nach, wie häufig du davon ausgehst, dass etwas nicht so läuft, wie du es gerne hättest. Wie oft hast du recht? Sehr oft, nicht wahr? Unglaublich! Du musst ein echter Hellseher sein! Tatsächlich bist du das, aber darum geht es mir jetzt nicht.

Du gehst meistens davon aus, dass sich die Dinge entgegen deinen Wünschen entwickeln – und das tun sie. Du bist mit dem dienstbaren guten Geist in deinem Inneren verbunden und weißt nicht einmal, dass er sich redlich bemüht, deine Wünsche zu erfüllen. Deine Ahnungen und Erwartungen *sind* Wünsche! Selbst wenn du dich vor etwas fürchtest, heißt das, du erwartest/wünschst ein negatives Ergebnis, und das magische Universum bemüht sich pflichtschuldig, deine Erwartung zu erfüllen.

Kapiert? Magie *ist* real! Es geht darum, diese Kraft in die andere Richtung zu wenden, damit deine Dschinnie dir positive statt negativer oder beängstigender Wünsche erfüllt.

Sobald du die Kontrolle über deine Gedanken erlangst, kannst du sie nutzen, um dein Leben auf eine Weise magisch aufzupeppen, die dir Freude bereitet. Außerdem kannst du mit deinen Emotionen den Fluss magischer Manifestationskraft lenken. Allerdings sind sie fast immer nur ein Spiegelbild deiner Gedanken. Wenn du also negativen oder depressiven Gedanken Raum gibst, dann folgen deine Emotionen dieser Vorgabe. Ich bezeichne das als »Korkenziehereffekt«. Je negativer deine Gedanken, desto tiefer bohrt sich der Korkenzieher nach unten und reißt deine Emotionen mit sich. Wenn sich deine Gedanken und Gefühlen im negativen Bereich tummeln, dann können die magischen Auswirkungen recht unangenehm sein.

Um den Korkenzieher zu entfernen, muss der Prozess umgekehrt werden. Als Erstes musst du deinen Emotionen Auftrieb geben, damit du in der Folge deine Anstrengung auf deine Gedanken richten kannst. (Mit diesem Thema werden wir uns im vierten Kapitel näher befassen.)

Hör auf zu vergleichen!

Unter anderem verliert man dann die Macht über seine Gedanken, wenn man sich mit anderen Menschen vergleicht. Um zu erklären, wie das geschieht, will ich eine Geschichte erzählen, die mir gleich nach dem Collegeabschluss zugestoßen ist.

Meinen ersten Job als Buchhalter fand ich bei einem erstaunlichen Verlag in der Südstadt. Es handelte sich zweifellos um den besten Arbeitsplatz der Stadt, wenn nicht gar des gesamten Staates. Dort arbeiten zu dürfen war ein unglaublicher Segen, und noch dazu hatte ich das Glück, direkt vom College weg angestellt worden zu sein. Noch immer blicke ich mit positiven Gedanken auf diese Zeit zurück.

Kurz nachdem ich dort angefangen hatte, stellte mein Boss eine äußerst talentierte Frau namens Glenna ein. Obgleich ich vor ihr in dem Verlag angefangen hatte, verfügte sie über größere Erfahrung als ich. Ich fing an meine Erfolge mit ihren zu vergleichen und die Anerkennung, die ich dafür bekam, an den ihren zu messen. Weil ich jünger und unerfahrener war, hatte ich immer das Gefühl, ihr hinterherzuhinken, nie richtig mit ihr auf einer Höhe zu sein. Um die Wahrheit zu sagen: Ich verglich mich bei jedem einzelnen Schritt mit ihr.

Mein Ego war begeistert. Indem ich meine Unsicherheit pflegte, machte ich mir selbst (und meinem Chef) das Leben schwer. Außerdem zwang ich Glenna und mir einen vollkommen unnötigen Konflikt auf. Irgendwann erkannte ich, dass mich das ständige Vergleichen zutiefst unglücklich machte. Ich nutzte meine Verbindung zur Magie des Lebens nur, um Unruhe zu stiften, mein Selbstvertrauen zu schädigen und überflüssige Dramatik zu erzeugen.

Als ich meinem unglücklichen Treiben schließlich Einhalt gebieten konnte, wurden Glenna und ich sehr gute Freunde. Sie wurde zu einer meiner damals besten Freundinnen, und bis zum heutigen Tag empfinde ich für sie den größten Respekt und die tiefste Bewunderung.

Wenn du dich unbedingt mit jemandem vergleichen willst, dann am besten mit dem Menschen, der du gerne wärst. Und dann setze deine magische Manifestationskraft ein, um deinen Wunsch zu verwirklichen.

Grundkurs »Magisches Leben«

Um in Kontakt mit dem dienstbaren guten Geist in deinem Inneren zu kommen und eine gute Beziehung mit ihm zu entwickeln, musst du ein paar Grundregeln verstehen. Es folgen also diese Grundregeln, die du auf dem Weg durch diesen magischen Führer akzeptieren und übernehmen musst. (Keine Sorge, ich erkläre eine jede von ihnen in den nachfolgenden Kapiteln noch einmal ausführlicher.)

Es handelt sich nur um ganz gewöhnliche Fertigkeiten, wie man sie etwa auf dem Sportplatz braucht. Nicht stöhnen! Damit meine ich nur, dass man klein anfängt und nach und nach dazulernt. Doch wenn du dir dein Vertrauen zunutze machen kannst, dann wächst deine Kraft unglaublich schnell.

Die erste Grundregel lautet: **Wach bleiben!** Das ist mein voller Ernst. Du musst wach sein … bewusst … und aufpassen! Es ist wichtig, jeden Augenblick und alles, was geschieht, wahrzunehmen und dabei immer ein Auge für magische Botschaften offen zu halten. Vielleicht entdeckst du welche, vielleicht auch nicht. Und manchmal sind sie nicht an dich selbst gerichtet, sondern sollen dir nur helfen, einen Beitrag zur Magie eines anderen zu leisten. Doch je mehr du achtgibst, desto mehr nimmst du wahr und desto mehr Magie breitet sich in deinem Leben aus. Anfangs mag es dir schwerfallen, wach zu bleiben, doch schon bald erscheint es dir ganz natürlich.

Die zweite Grundregel verlangt: **Gib deine Vorstellung von der Existenz von Zufällen auf!** Zufälle gibt es nicht, es gibt nur *Synchronizitäten.* Zwar können sie wie Zufälle aussehen, doch tatsächlich sind sie kleine magische Ereignisse, die eigens an dich adressiert sind. Ignorier sie nicht, tu sie nicht ab. Mach dir bewusst, wenn etwas Außergewöhnliches geschieht, das in dir den Gedanken »Wahnsinn, das war aber merkwürdig!« auslöst. Vermutlich handelte es sich nicht einfach nur um ein merkwürdiges Ereignis, sondern um den Versuch des Himmels, dir etwas mitzuteilen.

Synchronizitäten ereignen sich andauernd. Sie sind ein Mittel des Göttlichen, um dich zu unterstützen. Stell sie dir als weiße Kieselsteine vor, die das Universum dir als Hinweis auf deinen Weg zur Freude ausstreut. Je besser du auf sie achtgibst und ihnen vertraust, desto besser wirst du sie sehen.

Hier ein Beispiel: Kürzlich versuchten Freunde zu entscheiden, wohin sie in Urlaub fahren sollten. Die Mutter wollte mit den Kindern an den Strand, doch der Vater war der Meinung, die Kinder hätten das ideale Alter, um mit ihnen Disney World zu besuchen. Sie sprachen gerade über Für und Wider, als sie sich ins Auto setzten, um Besorgungen zu machen. Als die Mutter den Zündschlüssel umdrehte, schallte ein Werbespot für Disney World aus dem Radio.

Jetzt könntest du natürlich denken: Was für ein merkwürdiger Zufall. Nein, kein Zufall! Es handelt sich um Synchronizität. Eine Botschaft des Himmels, die zum Ausdruck bringen will: »Fahrt mit den Kindern nach Disney World! Ihr werdet einen Wahnsinnsspaß haben!«

Die dritte Grundregel besagt: **Mach dir bewusst, dass Menschen und ihre Anwesenheit in deinem Leben magisch sind.** Bist du jemals zum ersten Mal einem fremden Menschen begegnet und hattest sofort starke auf diese Person bezogene Gefühle? Falls du meinst, das sei nichts Besonderes oder habe keine Bedeutung, dann ist dir etwas Wesentliches entgangen. Es kommt vor, dass du jemanden kennenlernst, und sofort macht dein Herz einen kleinen Sprung! Das kann der Beginn einer Romanze sein, muss es aber nicht. Als ich meinen Freund Dan zum ersten Mal traf, wusste ich, das ist eine magische Begegnung. Bei meiner ersten Begegnung mit meiner Freundin Doreen Virtue nahm sie meine Hand, um mich zu begrüßen, und wir konnten beide kaum wieder loslassen. Ob es sich um eine sofortige Sympathie oder Antipathie handelt, die du für jemanden empfindest: Mach dir das Gefühl unbedingt bewusst.

Außerdem solltest du wissen, dass das Universum dir Mentoren schickt, wenn du es darum bittest. (Manchmal stehen sie auch unverlangt auf deiner Matte.) Begrüße sie auf jeden Fall mit offenen Armen! Es kommt häufig vor, dass solche Menschen auf einem ähnlichen Weg unterwegs sind wie du, und sie können dich etwas über deine Reise lehren. Oder aber ihre Reise unterscheidet sich so sehr von der deinen und ist für dich so undenkbar, dass du dich in der Folge der deinen mit ganzer Kraft zuwendest. Und wenn das Leben dir Menschen schickt, für die du Mentor sein sollst, dann ist Zahltag.

Die vierte Grundregel verlangt von dir: **Akzeptiere Engel als real**. (Da du gerade ein Buch über Magie und darüber liest, wie du zu deiner eigenen Dschinnie werden kannst, wird diese Aufgabe dir nichts Ungebührliches abverlangen!) Der Himmel ist immer bereit, dir mit Herausforderungen und bei der Manifestierung deiner Träume zu helfen. Stell dir Engel als die dienstbaren guten Geister des Himmels vor – immer auf dem Sprung, um deine Wünsche wahr werden zu lassen. Doch selbstverständlich respektieren Engel deinen gottgegebenen freien Willen. Wenn du also ihre Hilfe willst, dann musst du sie darum bitten, genauso wie die Dschinnie in dir. Bau eine Beziehung zu deinen Engeln auf, und dein Leben wird sich auf unvorstellbare Weise verbessern.

Unsere fünfte Grundregel ist einfach: **Hab Vertrauen.** Glaube. Unerschütterlich darauf zu vertrauen, dass das Universum dich liebt, ist das Beste, was du für dich tun kannst. Noch einmal zurück zum metaphorischen Sportplatz. Vertrauen ist wie ein Muskel, den man trainieren muss. Nicht anders, als wenn man ein starkes Herz erlangen möchte. Vertrauen übt eine unwiderstehliche Anziehungskraft auf Freude aus. Freude ist ein Magnet für Magie.

Um es einmal mit den Worten der erstaunlichen spirituellen Diva, Autorin und Verlegerin Louise Hay zu sagen: »Das Leben liebt dich.« Ja, so ist es! Im Leben ereignen sich Dinge, die Glück und Lachen mit sich bringen. Und das Leben beschert dir auch Traurigkeit und Tränen. Beide sind bedeutende Führer, die dich auf deinem Weg zu höchstmöglichem Glück lenken. Das Beglückende erkennt man sofort. Für das nicht so Beglückende braucht man Vertrauen. Also … vertraue!

Die sechste und letzte Grundregel für eine gute Beziehung zur Dschinnie in dir heißt: **Liebe dich selbst.** Liebe deine Mitmenschen. Liebe deine Engel, und bedanke dich bei ihnen. Danke dem Universum für dein Leben. Sei großzügig, und das Universum wird dich mit mehr Glück belohnen, als du gebrauchen kannst. Was das Leben natürlich umso magischer macht.

Die Dschinnie-Akademie

Herzlich willkommen in der Dschinnie-Akademie! Jedes Kapitel dieses Buch wird beschlossen durch Übungen, die das Gelernte vertiefen und seine Anwendung in der realen Welt demonstrieren sollen. Es ist dir freigestellt, ob du die Lektionen nach jedem Kapitel machst oder nachdem du das Buch vollständig durchgelesen hast. Doch bitte lass dich darauf ein, sie in jedem Fall zu machen. Sie werden dir helfen, die Worte auf diesen Seiten in echte Magie zu verwandeln.

Negativitäts-Check

Du benötigst entweder ein kleines Aufnahmegerät (es gibt auch Smartphone-Apps dafür) oder ein Notizbuch, das in deine Handtasche, Jacken- oder Hosentasche passt.

Achte während der nächsten zwei bis drei Tage aufmerksam auf deine Gedanken und die Worte, die du sprichst. Sobald du etwas Negatives über dich oder deine nächsten Mitmenschen denkst oder sagst, schreib sie in dein Negative-Gedanken-Notizbuch, oder halte sie mit deinem kleinen Rekorder fest.

Wenn du nach ein paar Tagen deine Aufzeichnungen abgeschlossen hast, dann such dir einen Ort, an dem du ungestört bist. Trag deine Notizen oder Aufnahmen auf der linken Seite eines normalen DIN-A4-Blatts ein. Vielleicht bist du überrascht von der Vielzahl der negativen Gedanken und Aussagen, denen du in deinem Leben Platz einräumst.

Und dann ist es an der Zeit, magische Gegenmittel gegen die negativen Anwandlungen zu entwickeln, die du nicht mehr länger in deinem Leben dulden willst. Deshalb notierst du auf der rechten Seite deines DIN-A4-Blatts einen korrigierenden Gedanken für jede negative Aussage. Nachfolgend ein Beispiel dafür, wie dein Blatt aussehen könnte:

»Ich bin so ungeschickt.«	»Das Göttliche führt mich immer hin zur Freude.«
»Dafür bin ich nicht klug genug.«	»Mir misslingt nichts, wenn ich mich wirklich darauf einlasse.«
»Ich bin Bob egal.«	»Bob liebt mich, so gut er kann.«

Sobald dir deine Gegenmittel zur Verfügung stehen, hast du sie immer bei dir und nutzt sie jedes Mal, wenn dir eine deiner negativen Aussagen in den Sinn kommt. Wenn du dich dabei erwischst, dass du »Ich bin so ungeschickt!« denkst, dann hältst du inne und sagst: »Nein, das stimmt nicht; alle meine Bewegungen sind voller Anmut.«

Hab deine Gegenmittel immer bei dir, damit du nachschauen kannst, sollten deine Gedanken oder Aussagen sich nicht mit der Wirklichkeit decken, die du erschaffen willst.

2

Heraus aus der Wunderlampe!

Geschichten von dienstbaren guten Geistern, die man auch Genii und Dschinn nennt – wir nennen sie in diesem Buch »Dschinnie« –, beginnen häufig damit, dass ein solcher Geist in einer Lampe oder Flasche feststeckt, bis ein Mensch daherkommt und ihn im Gegenzug für eine Wunscherfüllung befreit. Die bekannteste Geschichte dieser Art ist das Märchen »Aladin und die Wunderlampe« aus der Sammlung *Tausendundeine Nacht*. In unserem Fall verhält es sich jedoch insofern anders, als *du selbst* deine eigene Dschinnie bist und dich *selbst* befreien musst, damit sich deine Wünsche erfüllen.

Die Wunderlampe in unserer Metapher symbolisiert alles, was dich gefangen hält oder dir zumindest vorgaukelt, dass du dich in einem Kerker befindest. Sie steht für das, womit du selbst deine eigene Magie blockierst. Das Gefängnis deiner Dschinn-Lampe ist aus drei verschiedenen Rohstoffen gefertigt: *Reue*, *Selbstbezichtigung* oder *-verurteilung* und *Unversöhnlichkeit*.

Was bindet dich?

Du hast bereits die ersten Schritte getan, um dich aus deinem Gefängnis zu befreien. Indem du dieses Buch liest, hast du bereits deine Wahl für ein glücklicheres, magischeres Leben getroffen, in dem deine Träume wahr werden. Um deinen Schwung beizubehalten, musst du nun die Vergangenheit abstreifen. Wenn du dich auf all das Schiefgelaufene konzentrierst und auf die Art, wie du mit deinem Leben deine Erwartungen verfehlt hast, dann wird es dir schwerfallen, auf Veränderungen zum Guten zu vertrauen. Wer immer nur zurückblickt, dem wird es schwer voranzukommen.

Im Verlauf deines Lebens hat es auch glückliche und euphorische Augenblicke gegeben – Momente derartiger Freude, dass du sie für immer hättest festhalten mögen. Doch in der Vergangenheit man kann nicht leben. Es mag dir gelingen, ähnlich beglückende Augenblicke neu hervorzubringen. Doch nachdem du für das Gewesene deine Dankbarkeit zum Ausdruck gebracht hast, ist es Zeit, nach vorne zu sehen. Richte die magische Manifestationskraft deiner Dschinnie darauf, in deinem Leben neue Glücksmomente zu erschaffen. Lass nie davon ab, neue und aufregende Augenblicke hervorzubringen! Deine magische Manifestationskraft steht dir grenzenlos zur Verfügung.

Als Nächstes musst du dir deine persönlichen Dramen eingestehen. Die meisten Menschen haben keine Lust auf Dramen und ergreifen die Flucht, sobald sich eines am Horizont zeigt. Aber für dich ist es wichtig, dass du dich mit der Bedeutung von Dramen in deinem Leben auseinandersetzt. Menschen, die von sich behaupten, Dramen zu hassen, finden oft genug heraus, dass sie süchtig nach ihnen sind wie nach Schokolade!

Stell dir beispielsweise vor, dass du gerade eine Neuigkeit erfahren hast. Ich meine nicht etwas Großartiges, Glückliches wie: »Wir werden heiraten!« Vielleicht ist der Motor deines Autos kaputt, und es steht eine größere Reparatur an. Oder du hast Schlimmes über eine Bekannte gehört: »Weißt du schon, dass Marie ihren Mann verlässt?«

Wenn dir oder deinen Freunden ein Unglück oder Missgeschick zustößt und du sofort alle Welt davon in Kenntnis setzt, dann bist du vielleicht ein »Drama-holiker«. Läufst du herum und verbreitest schlechte Neuigkeiten aus deinem Leben oder aus dem Leben anderer, dann wird dir das Universum nur noch mehr von Drama erfüllte unglückliche Geschichten schicken.

Meiner Meinung nach liegt der Ursprung aller Probleme mit unserer dramasüchtigen Gesellschaft im Fernsehen und den Produkten der Filmindustrie. Hochdramatische Geschichten locken die Menschen am ehesten in die Kinos und vor die Bildschirme. Reality-TV ist im höchsten Maße für unsere verzerrte Wahrnehmung davon verantwortlich, wie ein »normales Leben« beschaffen sein sollte. Es lässt uns leicht der Vorstellung verfallen, dass das Leben dramatisch sein *muss*.

Und tatsächlich, du wirst es kaum glauben: Das Leben ist wirklich dramatisch! Aber es kann auch auf *beglückende* Weise dramatisch sein. Beispielsweise könntest du deinen Freunden und deiner Familie erzählen, dass sich deine Träume verwirklichen. Wäre das nicht eine wunderbare Form von Dramatik?

Negative Dramageschichten erreichen nur, dass du dich schlecht und gelähmt fühlst. Mit ihnen verharrst du in einer dramasüchtigen Endlosschleife, die dich niemals dorthin bringt, wo du eigentlich sein möchtest. Und die Vorstellung, dass du nur ein Opfer der Umstände bist, ist nichts als eine weitere negative, dramasüchtige Geschichte. Also befreie dich von deinen negativen Gedanken! Sie blockieren dich nur in deinem Bestreben, aus der Wunderlampe zu entkommen.

Reue ade!

Jetzt wollen wir uns den ersten Rohstoff deiner Wunderlampe ansehen: Reue, eine vollkommen nutzlose Emotion. Sie sorgt dafür, dass du ständig in den Rückspiegel starrst und dich ausschließlich auf die Vergangenheit konzentrierst. Stell dir diese Metapher einen Augenblick lang als real vor: Du sitzt am Lenkrad deines Wagens und versuchst zu fahren, während du ständig in den Rückspiegel schaust. Was würde geschehen? Ich vermute, dass du in ständiger Angst fahren würdest. Du würdest nicht dort ankommen, wo du hinwillst, denn deine Fahrt würde vermutlich in einem schrecklichen Unfall enden.

Wenn du etwas Zurückliegendes bereust, etwa eine Beziehung, dann ist es dir vielleicht nicht möglich, neue Beziehungen einzugehen oder deine gegenwärtige Beziehung im Hier und Jetzt wertzuschätzen. Konzentration auf Reue könnte dich außerdem veranlassen, dich selbst ständig für etwas zu bestrafen, was du als »schlecht« bewertet hast. Auch dann, wenn du wirklich etwas Beklagenswertes getan haben solltest: Es könnte gut sein, dass du dich selbst ungerecht beurteilst.

Jedenfalls beschneidest du dich in deinem Selbstwert, wenn du dich unablässig reuevoll mit einem zurückliegenden Ereignis beschäftigst. Ein geringes Selbstwertgefühl aber hindert dich, darauf zu vertrauen, dass dir ein glückliches Leben zusteht. Die ständige Beschäftigung mit Reuegedanken kann außerdem dazu führen, dass dich die Angst vor zukünftigen Fehlern auffrisst.

Ein heilsames Moment hat Reue aber doch, das will ich zugestehen. Reue kann in dir die Einsicht fördern, dass dein Verhalten oder deine Entscheidungen nicht dem Standard entsprechen, den du für dich und dein Leben gewählt hast. Und in diesem *Moment* der Offenbarung ist Lernen möglich. In dir kann der Entschluss entstehen, einen solchen Urteilsfehler in Zukunft nicht zu wiederholen. Doch dieser Moment sollte nur so lange anhalten, wie du brauchst, um die Vergebung der möglicherweise Geschädigten zu erbitten und dir selbst zu vergeben (der vermutlich wichtigste Teil).

Meine Mutter musste mir zugleich Mutter und Vater sein und hat mir viele Dinge beigebracht, die mir ein, wie ich meine, äußerst magisches Leben ermöglichen. Ihre einzige kleine Marotte bestand jedoch nicht darin, dass sie ein Leben in Reue führte, sondern in der *Angst* vor der Reue.

Sie hatte solche Angst davor, eine Wahl zu treffen, die sie später bereuen könnte, dass sie gar keine Wahl treffen konnte. Sie beim Kauf eines neuen Wagens zu unterstützen war mehr als eine Herausforderung. Da ich auf der anderen Seite des Landes wohne, bin ich meinem Schwager Ted zu höchstem Dank verpflichtet, weil er viele dieser Autokauf-Expeditionen auf sich genommen hat. Dazu musste er grenzenlose Geduld aufbringen, da bereits die Suche nach dem richtigen Fahrzeug unendlich viel Zeit verschlang und der Wagen anschließend dann noch viele Male Probe gefahren werden musste. Und als wir ihr ein neues Haus bauten … nun ja …

Von meiner Mutter konnte ich lernen, dass die Angst vor Reue ebenso lähmend sein kann wie die Reue selbst.

Bei vielen intuitiven Deutungen, die ich für Klienten mache, spielt die Angst davor, etwas zu bereuen, eine Rolle. Sie schreiben mir und stellen mir Fragen wie: »Ist mir die Begegnung mit meinem Seelengefährten irgendwie entgangen?« Oder: »Hätte ich diese berufliche Möglichkeit ergreifen sollen, und habe ich jetzt irgendwie meine Chance verpasst, meine Lebensaufgabe zu erfüllen?«

Derartige Fragen brechen mir das Herz. Ich habe großes Mitgefühl für Menschen, die meinen, etwas bereuen zu müssen, oder fürchten, dass sie ihr Leben so verpfuscht haben, dass es nicht wiedergutzumachen ist.

Weil ich fest an ein liebendes und wohlwollendes Universum glaube, kann ich mir nicht vorstellen, dass es uns überhaupt möglich sein soll, auf Dauer und selbst verschuldet zu verhindern, dass im eigenen Leben gute Dinge geschehen. Wenn mir also jemand solche Fragen stellt, dann tue ich alles, was ich kann, um ihm oder ihr zu versichern, dass nichts verloren und endgültig vermasselt ist und dass alles gut wird. Es gibt einen Grund dafür, dass du deine Jugendliebe nicht geheiratet hast. Vermutlich den, dass dir noch jemand über den Weg laufen wird, der viel besser zu dir passt. Wenn du nur zurückblickst und ein Leben voller Reue führst, dann wirst du Herrn (oder Frau) Perfekt auch dann nicht sehen, wenn er (oder sie) direkt vor dir steht.

Reue und Angst sind miteinander verbunden. Das eine führt zum anderen. Wie gesagt, wenn du dein Leben im Schatten der Reue führst, dann zweifelst du schließlich an deiner Fähigkeit, gute Entscheidungen zu treffen. Natürlich erhoffst du dir positive Ereignisse in deinem Leben. Aber dir fehlt das Vertrauen darauf, dass sie eintreffen könnten, oder du befürchtest, sie nicht zu verdienen.

Und schon bist du in deiner Wunderlampe gefangen.

Anderen und sich selbst zu vergeben ist das Heilmittel für Reue. Gleiches gilt für das Vertrauen darauf, dass das Beste erst noch kommen wird. Befreie dich von deiner Reue, und du hast schon ein Drittel des Weges hinaus aus der Wunderlampe geschafft.

Schick deinen inneren Richter in Pension

Selbstbezichtigung und Selbstverurteilung bilden den zweiten Rohstoff, aus dem deine Wunderlampe geschaffen ist. Sie hindern dich daran, Kontrolle über deine Magie zu erlangen. Leider wird in unserer Gesellschaft nur allzu gern zu Gericht gesessen. Wir verurteilen das Verhalten anderer, ohne die geringste Vorstellung von ihrem Leben und seinen Anforderungen zu haben. Wir schieben ganzen Menschengruppen die Verantwortung für unsere Schwierigkeiten und für die Herausforderungen, vor denen unser Planet steht, in die

Schuhe. Wir verurteilen *uns selbst* erbarmungslos für unseren Mangel an Erfolg oder unsere gescheiterten Beziehungen.

Seine Mitmenschen zu verurteilen ist deshalb eine böse Falle, weil wir damit auch davon ausgehen (müssen), dass andere uns be- und verurteilen. Vor Gericht gestellt zu werden gefällt niemandem, dennoch scheinen es alle mit allen zu tun. Die Situation gleicht einer endlosen Karussellfahrt ins Nirgendwo.

Steig aus dem Karussell aus! Hör auf damit, Menschen zu be- und verurteilen! Richte deine Aufmerksamkeit auf den Beitrag, den du zur Welt beisteuern kannst! Wenn du der Meinung bist, dass andere sich auf eine Weise verhalten, die außerhalb deiner eigenen Moralvorstellungen liegt, dann bring dich auf die Weise positiv und aktiv ein, wie es deine göttliche Führung verlangt. Aber verzichte darauf, zu be- und verurteilen.

Und was vielleicht noch wichtiger ist: Bring dir selbst Mitgefühl entgegen! Du bist ein Mensch. Dein Handeln deckt sich nicht immer mit den Ansprüchen, die du an dich stellst. Doch statt dich dafür mit Selbstbezichtigungen zu kasteien, solltest du lieber erkennen, dass du in jedem gegebenen Augenblick dein Bestes gibst. Die Schlaglöcher auf deinem Weg wollen dich lehren, das nächste Mal eine bessere Route zu wählen. Statt dich zu beschimpfen, sollst du dir zugutehalten, dass du etwas dazugelernt hast, was dich zu einem besseren Menschen macht, der in Zukunft bessere Entscheidungen trifft.

Unglaublich! Sieh dich nur an! Du hast schon zwei Drittel des Wegs aus deiner Wunderlampe geschafft!

Dein großes Herz

Als letzter Lampenbaustoff hält dich Unversöhnlichkeit in deinem Gefängnis fest – Unversöhnlichkeit mit dir und anderen. »An Unversöhnlichkeit festhalten ist wie Gift trinken in der Hoffnung, dass der andere stirbt« – dieser Spruch bringt die Sachlage meiner Meinung nach immer noch am besten zum Ausdruck.

Wer sich an Wut-, Groll- oder Schuldgefühlen festhält im Hinblick auf das, was ein anderer oder man selbst in der Vergangenheit getan hat, vergiftet sich. Wenn deine Unversöhnlichkeit sich auf einen anderen Menschen richtet, dann meinst du vielleicht, ihn damit für seine Untaten zu bestrafen. Doch tatsächlich bestrafst du damit nur dich selbst. Die andere Person sehnt sich vielleicht verzweifelt nach deiner Vergebung, doch wenn du sie ihr nicht gewährst, dann gibt sie irgendwann einfach auf und lässt die Sache los. Und schließlich setzt sie ihren Weg fort. Du jedoch wirst weiter an der giftigen Energie deiner Unversöhnlichkeit leiden und unablässig wiederkäuen, was dir angetan wurde.

Unversöhnlichkeit bewirkt eine unauflösliche energetische Bindung an den anderen Menschen und sein verletzendes Verhalten dir gegenüber. Warum solltest du das wollen?

Bei meinen Klienten, für die ich übersinnliche Deutungen vornehme, ist mir ein offenbar weitverbreitetes Missverständnis im Hinblick auf Versöhnlichkeit aufgefallen. Viele Menschen missdeuten Vergebung als nachträgliches »Reinwaschen« eines Fehlverhaltens. Doch nichts könnte weniger zutreffen. Du vergibst einem Menschen und befreist dich damit von weiteren Qualen. Deine Vergebung ist mitnichten eine nachträgliche Rechtfertigung und macht sein Verhalten keineswegs ungeschehen. Und deine Vergebung bedeutet auch nicht, dass du sein Verhalten positiv bewertest.

Einem anderen zu vergeben ist kein Geschenk und kein Freifahrtschein für ihn. Vergebung ist ein Geschenk, das du *dir* selbst machst.

Eine weitere merkwürdige, aber trotzdem weitverbreitete Vorstellung meiner Klienten besagt, dass sie, indem sie jemandem vergeben, der Möglichkeit Raum geben, dass ähnlich Verletzendes wieder geschehen kann. Vergebung vermag etwas einmal Gelerntes nicht auszulöschen. Sie verringert nicht deine Fähigkeit, dich selbst zu schützen. Es ist möglich, mit offenen Augen durchs Leben zu gehen und dennoch keinen Schmerz aus der Vergangenheit im Herzen zu tragen.

Sich selbst zu vergeben ist ebenso wichtig wie die Vergebung, die wir anderen zuteilwerden lassen. Von allen Hindernissen, die wir auf unserem Weg hinaus aus der Wunderlampe aus dem Weg räumen müssen, ist dies wohl das größte. Fehlende Selbstvergebung ist wie ein Korken aus Reue, Verurteilung, Schuldzuweisung und Unversöhnlichkeit, der die Lampe fest verschließt und dich in ihr auf immer einsperrt. Die Aussage »Das vergebe ich mir nie!« kommt einem Korken gleich, der dich hindert, die Lampe zu verlassen und in dein magisches Leben zu finden. Selbstvergebung ist ein magisches Geschenk, das nur du selbst dir machen kannst.

Und hier kommt die gute Nachricht: Gott führt keine Strichliste über deine Fehltritte. Anders als man es dir vielleicht beigebracht hat, begleitet Gott dich mit Liebe auf deinem Weg und freut sich immerfort daran, wie wunderbar du bist. Die Quelle hofft, dass du bald selbst herausfinden mögest, von welch strahlender Schönheit und Magie du bist, und freut sich auf diesen großartigen Tag.

Wenn es dir also schwerfällt, dir selbst zu vergeben, dann bedenke: Der Himmel vergibt dir. Deine Engel vergeben dir. Gott vergibt dir. Und wenn das so ist, wenn all diese Vergebung auf dich herabstrahlt, dann ist das doch wohl ein Beweis dafür, dass es möglich ist, dir zu vergeben!

Also öffne dein großes Herz, und reih dich ein. Was immer es war, es ist vorbei. Du bist ein besserer Mensch. Du hast der Welt Unglaubliches zu bieten, und dein magisches Leben erwartet dich!

Gratuliere! Du hast dich aus der Wunderlampe befreit!

Die Dschinnie-Akademie

Lektion 2: Dramasucht-Check

Wie in Lektion 1 brauchst du einen Notizblock oder ein Aufnahmegerät, um all die Gelegenheiten festzuhalten, bei denen du dich in Dramen verfängst. Dazu gehören auch:

- die Neigung, leidvolle oder dramatische Geschichten aus deinem Leben mit anderen zu teilen
- die Bereitschaft, den (Klatsch-)Geschichten anderer zuzuhören
- die Versuchung, hochemotionale Geschichten auf den Plattformen der sozialen Netzwerke zu posten
- die aktive Beteiligung an Situationen, die einen Konflikt mit anderen voraussetzen, der ebenso gut hätte vermieden werden können

- die Angewohnheit, dir selbst im Geiste Geschichten zu erzählen und wiederzuerzählen, die davon handeln, wie du eine bestimmte Angelegenheit hättest handhaben sollen oder in Zukunft handhaben würdest
- alles, was dafür sorgt, dass deine Angstgefühle zunehmen

Wenn deine Tagesliste mehr als zwei oder drei Punkte umfasst, dann könntest es sein, dass du dramasüchtig bist. In diesem Fall ist es an der Zeit, dass du dich von diesem Zwang befreist. Achte darauf, ob es die immer gleichen Auslöser sind, die dich zur Dramatik verführen. Sind immer die gleichen Personen zugegen? Fühlst du dich gut und wichtig, wenn du als Erster und vor allen anderen den Neuigkeitsknüller kennst? Falls du dramasüchtig bist, dann ist es an der Zeit, sich mit dieser Tatsache zu konfrontieren, damit du den auslösenden Personen und Ereignissen aus dem Weg gehen kannst, die dich in diese Endlosschleife aus ängstlichem oder negativem Verhalten geraten lassen.

Lektion 3: Reue loslassen

Falls Reue in deinem Leben eine wichtige Rolle spielt, dann will ich dir gerne helfen, dich davon zu befreien. Beginnen wir, indem du eine Liste von allem anlegst, was deinen Blick in die Vergangenheit statt nach vorn gerichtet hält.

Such dir einen ruhigen Ort, an dem du frei von Störungen bist, und mach ein paar Atemzüge, mit denen du dich an einen friedlichen Ort in deinem Inneren transportierst. Jetzt denke zurück. Gibt es irgendwelche Situationen in der Vergangenheit, an die du oft und mit Reue denkst? Meistens fallen dir die beunruhigendsten Situationen regelmäßig und immer wieder ein, auch wenn sie schon viele Jahre zurückliegen. Schreib sie auf!

Falls dir kleinere Vorkommnisse einfallen, an die du nicht so oft denken musst, dann notiere sie ebenfalls. Vielleicht sind es Dinge, die du in deiner Kindheit oder Jugend getan hast, an die du fast nie denkst, bei denen du dir aber trotzdem ein anderes Ende gewünscht hättest. Wenn wir Reue abbauen wollen, dann am besten gleich komplett!

Sobald du deine Liste erstellt hast, schreib bitte zu jedem Punkt dazu, was du aus der Situation gelernt hast. Such nach etwas Positivem. Vielleicht hat die Situation dich auf dem Weg durch dein Leben zu einem besseren Menschen gemacht. Vielleicht hat sie dir den wahren Wert von Freundschaft oder Liebe gezeigt. Oder vielleicht hast du dich und deine Bedürfnisse durch sie besser kennengelernt. Finde auf jeden Fall irgendetwas, das du dem bereuten Augenblick verdankst, und schreib es auf.

Wenn deine Liste der bereuten Ereignisse und ihrer positiven Nebeneffekte fertig ist, sprich ein Gebet oder mach eine Vergebungsmeditation und bitte um Befreiung. Selbstverständlich bist du in deiner Wortwahl vollkommen frei, aber dein Gebet kann sich wie das Nachfolgende anhören:

> *Göttliche Quelle der Liebe,*
> *bitte hilf mir, mich von meinen Reuegefühlen zu befreien. Ich bitte darum, dass mir alle an diesen Vorkommnissen beteiligten Personen vergeben mögen und dass auch ich mir selbst vergeben kann. Verhilf mir zu dem Frieden, der entsteht, wenn man alles loslässt, was war. Damit ich mich dem Jetzt zuwenden kann in dem Wissen,*

dass die Vorkommnisse der Vergangenheit mich zu einem mitfühlenderen und freundlicheren Menschen gemacht haben. Hilf mir, mich jederzeit daran zu erinnern, dass deine Liebe mich zur Freude und zur Erfüllung meiner Träume befördert. Ich verabschiede mich nun von allen Schuld-, Reue- und Trauergefühlen, um stattdessen den Frieden der Vergebung zu empfinden und mich daran zu erinnern, wie sehr ich geliebt werde. So soll es sein.

Zum Abschluss dieser Lektion verabschiedest du dich von dem Blatt, auf dem du deine bereuten Ereignisse und ihre positiven Nebenwirkungen festgehalten hast, und verbrennst es. Sorge für einen sicheren Ablauf, bei dem die Flammen da bleiben, wo du sie haben willst, und nicht überspringen können. Sollte ein Feuer nicht möglich sein, dann zerknülle das Blatt zu einer Kugel und wirf sie, während du tief und befreiend ausatmest, in den Papierkorb. Denke daran, dass du dich damit von dem befreist, was du bereust.

3

Welche Wünsche gestattest du dir?

Die entscheidende Frage lautet: *Was wünschst du dir?* Du weißt ja: Alles, was du denkst, kann sich in einen Wunsch verwandeln. Du befindest dich in einem unablässigen Schaffensprozess. Immerfort gestaltest du deine Gegenwart und deine Zukunft. Also ist das tagtägliche Aufrechterhalten von Emotionen und Vorstellungen vergleichbar mit Wünschen. Glücklicherweise dauert es meist eine Weile, bis Wünsche wahr werden, also bleibt dir noch Zeit, deine Verwünschungen an diesen Typen, der dich im Feierabendverkehr gerade ausgebremst hat, zurückzunehmen.

An die Erfüllung der stummen Wünsche, die wir beim Ausblasen der Geburtstagskerzen formulieren, und an die Bitten, die wir mit den Samen der Pusteblumen in die Welt blasen, glauben wir meist selbst nicht. Entweder können wir uns nicht vorstellen, wie sich unsere gegenwärtigen Umstände so plötzlich zu unseren Gunsten verändern könnten, oder wir meinen, die Erfüllung unserer Träume nicht zu verdienen.

Du kannst dir wünschen, was du willst, doch wenn du nicht an die Erfüllung deiner Wünsche glaubst, dann wünschst du dir in Wahrheit eigentlich nur das Gegenteil. Das, was du *tatsächlich* für wahrscheinlicher hältst, wird sich über deinen formulierten Wunsch hinwegsetzen. Wenn du die Erfüllung deines Wunsches für unwahrscheinlich hältst, dann bittest du das Universum lediglich darum, deine Erwartungen zu erfüllen und die Dinge so zu lassen, wie sie sind.

Wähle eine bessere Wirklichkeit

Ein Gefühl des Unwürdigseins macht sich derzeit in der Welt breit. Und wie nicht anders zu erwarten, fühlen sich diejenigen, die das Glück *am meisten* verdienen, seiner am unwürdigsten. So jedenfalls kommt es mir vor. Ich bin viel auf Reisen und lerne viele engelgleiche Menschen kennen – diese wunderbaren, freundlichen Leute, die ständig irgendetwas für andere tun, die immer geben und selten etwas bekommen, weil sie meinen, es nicht zu verdienen.

Wünschen ist praktiziertes Vertrauen. Und Vertrauen ist ein kühnes Unterfangen. Wünschen setzt voraus, dass du die Gunst *deiner* Stunde für *dich* beanspruchst. Die Reihe ist an dir, zu glänzen und glücklich zu sein und das zu bekommen, was du willst. Doch dazu muss dein Wünschen optimistisch und selbstbewusst sein und erfüllt von der Vorstellung, dass du verdienst, was du dir wünschst.

Dein Wunsch muss getragen sein von einer nach innen gerichteten Liebe.

Ganz egal, wer du bist oder in welchen Umständen du lebst, ich möchte, dass du mir jetzt genau zuhörst: Du verdienst es, dass deine Wünsche erfüllt werden! Du verdienst die Erfüllung jedes Traumes, den du jemals geträumt hast. Jeder deiner Träume ist gerechtfertigt, und wenn es nur durch die Erkenntnis ist, dass er doch nicht der richtige war, denn dann kannst du dich einem neuen, besseren zuwenden. Jeder deiner Träume ist real und wichtig und berechtigt. Sie warten nur darauf, dass du deine Arme ausbreitest und sie glücklich in Empfang nimmst.

Die große spirituelle Autorin Esther Hicks sagte einmal: »Stell dich niemals der Wirklichkeit, bevor deine Wirklichkeit nicht genau so aussieht, wie du sie dir vorstellst.« Zu deiner eigenen Dschinnie zu werden heißt, die Kontrolle über deine Wirklichkeit zu erlangen. Es ist ein bisschen so, als würde man die Reset-Taste des eigenen Lebens drücken. Du nimmst Kontakt auf zum dienstbaren guten Geist in dir, befreist dich aus der Wunderlampe, und mit einem Mal ist die Welt eine riesige Fundgrube der Möglichkeiten. Dir eröffnet sich die Gelegenheit, dich vollkommen neu zu erfinden. Du bist nicht nur deine eigene Dschinnie; von einem Moment auf den anderen bist du selbst der Architekt deines Lebens.

Damit sich all dies ereignen kann, musst du Entscheidungen treffen. Du musst mit ganzer Kraft hinter dem Menschen stehen, den du erschaffen willst. Du wirst vermutlich Veränderungen vornehmen müssen, obwohl du weißt, dass Veränderungen den meisten Menschen Angst machen. Doch Veränderungen können auch befreiend und erhebend sein. Ja sogar beglückend! Die richtigen Entscheidungen zu treffen kann dein Leben im Handumdrehen von öder Eintönigkeit zu fantastischem Abwechslungsreichtum führen.

Eine *Wahl* zu treffen ist eine wichtige Voraussetzung für ein magisches Leben. Die Macht, die in ihr liegt, kann gar nicht überbewertet werden. Um die Wahrheit zu sagen, die meisten Menschen treffen im Verlauf ihres Lebens kaum wichtige Entscheidungen. Sie wählen vielleicht ihren Beruf, ihr Haus oder ihr Auto. Sie meinen darüber zu entscheiden, wen sie heiraten, wo sie wohnen und ob sie Kinder haben. Doch wenn sie wirklich aufrichtig mit sich wären und sich die Zeit nähmen, um ihre Entscheidungen eine nach der anderen genau zu untersuchen, dann würden viele feststellen, dass sie in Wahrheit einfach nur dem Weg des geringsten Widerstands gefolgt sind. Sie haben ihre Entscheidungen auf der Basis dessen getroffen, was ihre Eltern, spirituellen Berater, Politiker und Freunde von ihnen erwarten. Vielleicht leben sie irgendwo nicht sehr weit entfernt von ihrem Geburtsort, haben den Beruf ergriffen, der ihnen in den Schoß gefallen ist, und die Person geheiratet, die sich ihnen gerade angeboten hat. Vielleicht sagen sie sich sogar, dass sie keinen besseren Partner, keine bessere Partnerin hätten finden können.

Doch das bedeutet eben nicht, eine Wahl zu treffen. Sie sind immer nur der Küstenlinie gefolgt und nie wirklich mit unbekanntem Ziel in See gestochen. Mit diesem Reiseplan gibt man die Verantwortung für die Himmelsrichtung ab, in die die Reise des Lebens geht. Genauso gut könnte man gute sich in die Luft werfen und darauf hoffen, dass ein günstiger Wind einen zufällig in die richtige Richtung bläst.

Bedenke doch, du bist ein Dschinnie! Du bist nicht darauf angewiesen, nur zu *hoffen*, dass alles gut wird. Dir steht Magie zu Gebote, und indem du bewusst wählst, kannst du Träume wahr werden lassen!

»Huch, ich hab meinen Lebenssinn vergessen!«

Vor ein paar Jahren, als ich noch als amtlich zugelassener Buchhalter für die Regierung arbeitete, hatte ich das Gefühl, ziemlich festzustecken. Ich hatte mein eingefahrenes Leben bereits einmal im Jahr 2001 verlassen, war jedoch 2005, als meine Ängste die Oberhand gewannen, wieder zurückgekehrt. Ich wusste nicht, was ich mit mir anfangen sollte, aber ich wusste, dass ich nicht für immer Buchhalter sein konnte – schon gar nicht in meiner gegenwärtigen Position.

Ich hörte mir von Freunden zahlreiche übersinnliche Deutungen meines Lebens an, aber ich wollte die Meinung eines Mediums hören, das mich nicht kannte. Schließlich fand ich eine Frau, die ein Buch geschrieben hatte, und irgendetwas an ihr fühlte sich für mich richtig an. Also rief ich sie an und vereinbarte einen Termin.

Zu Beginn unserer Sitzung sagte ich ihr, meine Hauptsorge sei es, dass ich nicht wirklich wisse, was ich mit meinem Leben anfangen solle.

Sofort antwortete sie: »Doch, das weißt du sehr wohl.«

Mir war klar, warum sie so reagierte, aber ich stellte die Sache dennoch auf freundliche Weise richtig. Ihr Tonfall wurde aggressiv, und sie sagte, meine Engel hätten ihr mitgeteilt, ich wisse genau, was meine Aufgabe im Leben sei.

Das Gespräch ging noch ein paarmal zwischen uns in ähnlicher Weise hin und her, dann wurde ich wütend. Ich beendete die Sitzung nach zwanzig Minuten, obwohl ich für eine Stunde bezahlt hatte.

Manchmal muss man den Boten ignorieren, aber die Botschaft dennoch beherzigen. Mir gefiel gar nicht, wie sie mir ihre Botschaft übermittelt hatte, doch im Verlauf der nächsten drei Jahre erkannte ich, dass sie vollkommen recht hatte. Bei meinem Gespräch mit ihr hatte ich tatsächlich bereits gewusst, was ich mit meinem Leben anfangen wollte. Nur leider konnte ich mir überhaupt nicht vorstellen, dass sich meine Ideen umsetzen lassen würden!

Ich hatte mich bereits vier Jahre lang in metaphysischen Spielereien versucht, war jedoch weder darin noch in meinem Beruf weitergekommen. Mein Ego bediente sich geschickt meines Versagens, um mich an weiteren Fortschritten zu hindern. Da ich nicht daran glauben konnte, dass es mir gelingen würde, das zu tun, wonach ich mich so sehr sehnte, erfüllte mich der Blick auf meine Zukunft mit Verwirrung.

Du hast deine Träume nicht ohne Grund. Das ist die reinste Wahrheit. Möglicherweise befindest du dich in einer Situation, in der du, so wie ich, deine Träume »vergessen« hast, weil du sie als unrealisierbar aufgegeben hast. Nun, jetzt ist es an der Zeit, dich an diese Träume zu erinnern, sie abzustauben und sie erneut genauestens in Augenschein zu nehmen. Vielleicht haben sich deine Wünsche verändert, und deine alten Träume haben daher ihre Bedeutung verloren. Als Kind wollte ich Astronaut werden, um in einem wunderbaren Raumgleiter zwischen den Sternen umherzufahren, doch heute hat dieser Traum für mich keine Bedeutung mehr.

Der Traum hingegen, ein Buchautor und spiritueller Lehrer zu sein, *der* lässt mein Herz schneller schlagen. Ich musste mich lediglich an diesen Traum erinnern und dann an seine Verwirklichung glauben.

Um herauszufinden, welche Wünsche du für dein Leben hast, rate ich dir, zuerst deine Überzeugungen zu überprüfen und dich von denen zu befreien, die irrelevant sind, dich bremsen oder in dir Schuldgefühle oder andere schlechte Empfindungen auslösen. Im Grunde genommen musst du jede Weltanschauung über Bord werfen, die dich daran hindert, dein ganzes und wahres Selbst zu sein. Überzeugungen, die dich einschränken im Hinblick auf dich selbst und deine Fähigkeit, das zu bekommen, was du dir vorstellst, gehören in den Müll. Basta!

Meine Freundin Polly erklärte mir irgendwann einmal, dass oft ausgerechnet die Träume wahr werden, von denen man gar nicht weiß, dass man sie hat. Dem kann ich hundertprozentig zustimmen. Ich kann mich an magische und erstaunliche Ereignisse in meinem Leben erinnern, die genau das waren: wahr gewordene Träume, deren Existenz mir vorher gar nicht bewusst war. Rückblickend gehörten gerade diese Träume zu den besten »Wahrgewordenen« meines Lebens.

Planloses Wünschen

Wünschen bedarf der Fokussierung. Ich rate dir dringend dazu, dass du genau weißt, was du dir wünschst, bevor du den Himmel und deine Engel um Unterstützung bittest. Ansonsten gerätst du ins planlose Wünschen und in die Kategorie »Gib acht, was du dir wünschst, denn es könnte erfüllt werden«.

Aus dem gleichen Grund halte ich nicht viel davon, Wünsche zu verheimlichen. Manchmal spreche ich mit Freunden oder Familienmitgliedern über das, was ich mir wünsche. Die Klarheit, die man durch solche Gespräche erlangt, kann unglaublich befreiend sein, insbesondere dann, wenn man mitten in einem solchen Dialog plötzlich erkennt: »Also, weißt du was? Ich glaube, das will ich doch nicht.«

Wie gründlich ich einen Wunsch auch durchdacht haben mag, manchmal kann er trotzdem für mich nicht das Beste sein. Wenn das zutrifft, dann wird Gott mir immer stattdessen etwas Besseres schicken. Viele meiner Freunde beschließen deshalb ihre Gebete immer dem Satz: »Darum bitte ich – oder um etwas Besseres.« Daran sollten wir uns halten, wenn wir mit dem Wünschen beginnen.

Und zuletzt: Es ist wichtig, *groß* zu träumen! Möglicherweise musst du deinen Wunsch in Einzelteile zerlegen, die gemeinsam dazu führen, dass ein großer Traum wahr wird. Aber dein Langzeitziel sollte etwas Spitzenmäßiges sein – etwas, das eines staunenswerten, göttlichen, magischen Geistes, wie du einer bist, würdig ist!

Die Dschinnie-Akademie

Lektion 4: Die ideale Biografie

Hier also ein Vorschlag dazu, wie man sich Klarheit über die Wünsche verschaffen kann, die man für sich wahr werden lassen will. Du benötigst eine ungestörte Zeitspanne von ungefähr zwanzig Minuten. Nimm dir Block und Stift oder einen Laptop, was immer du als Schreibutensilien vorziehst.

Nun schreibe deine eigene ideale Lebensbiografie auf – so wie du dein Leben gerne hättest. Beziehe alle privaten und beruflichen Bereiche ein. Dein Text könnte so aussehen: »Linda lebt in ihrem Traumhaus am Rande von Seattle/Washington mit ihrem Ehemann Allan. Sie haben zwei wunderbare Kinder namens Zack und Brianna. Wenn sie nicht gerade an einem Buch schreibt oder mit der Leitung ihres Tierheims beschäftigt ist, nutzt sie die Zeit für ihre Hobbys, unter anderem das Salsatanzen ...«

Sobald du damit fertig bist, vergleiche deine Traumbiografie mit deinem gegenwärtigen Leben. Bitte keine Selbstbeschimpfungen, falls die beiden sich nicht besonders gut decken. Denk daran, dir geht es nicht darum, dich zu bewerten oder zu verurteilen. Du willst hier nur herausfinden, ob du die Richtung hin zu deinen Träumen eingeschlagen hast. Führen dich deine Tage, Wochen und Monate auf den Weg, den du einschlagen willst? Machst du wenigstens kleine Babyschritte hin zu dem Leben, das du führen möchtest?

Wenn ja, wunderbar! Möglicherweise entdeckst du immer noch Bereiche in deiner Biografie, denen du mehr Beachtung schenken musst, damit du auf deinem gewünschten Weg vorankommst.

Falls dich dein Alltag aber *nicht* in die Richtung deiner Traumbiografie führt, musst du einiges verändern.

Sieh dir deine Traumbiografie noch einmal genau an. Welche Punkte in deinem Text lösen in dir die meiste Begeisterung aus? Worauf hoffst du am meisten? Konzentriere dich zunächst auf diesen einen zentralen Punkt. Dann überlege, ob es sich für dich machbar anfühlt, diesen Punkt wahr werden zu lassen, oder eher wie ein langes Elend. Solltest du es als langes Elend empfinden, dann zerleg es in weitere kleinere Wünsche, und befasse dich zunächst mit ihnen.

4

Magie bewirken

Wir wiederholen. Du hast ein paar neue und sehr ermächtigende Dinge über dich und das Universum erfahren. Dein Leben und alles, was dich umgibt, ist von Magie durchwoben. Diese Magie hat ihren Ursprung in Gott/der Quelle/dem Göttlichen (wähle dein Lieblingswort), und du hast Anteil an dieser Magie! Der dienstbare gute Geist in deinem Inneren, deine Dschinnie, ist der Anteil deiner selbst, der mit dieser Magie in Verbindung treten und das Leben manifestieren kann, das du dir wünschst. Du hast die Schritte kennengelernt, die dich aus dem Gefängnis deiner Wunderlampe hinausführen und es dir gestatten, Magie zu bewirken. Im besten Fall hast du sogar schon Klarheit über die Wünsche gewonnen, die du für dich verwirklichen willst (auf jeden Fall arbeitest du daran).

Nun ist der Zeitpunkt gekommen, um zu lernen, *wie* du deine Magie einsetzen kannst!

Der Himmel ist so mitteilsam!

Ich erwähnte zuvor, dass ich vier Jahre lang erfolglos versucht hatte, mich beruflich im spirituellen Bereich zu etablieren. Doch als ich mich fünf Jahre später erneut darum bemühte, klappte es plötzlich wunderbar!

Möchtest du gerne wissen, was ich beim zweiten Mal anders gemacht habe? (Ich hätte mich gewundert, wenn nicht.) Nun, ich habe mich nach meiner persönlichen göttlichen Führung gerichtet.

Das Universum spricht *unablässig* mit uns. Die Stimmen von Engeln, Geistführern und sogar das Göttliche selbst hören niemals auf, dir zuzuflüstern, wie du dein Leben mit noch größerer Freude erfüllen könntest. Nur leider gehen die geflüsterten Worte meist im Dröhnen der Welt unter. Du vergisst hinzuhören oder bist so überzeugt von ihrer Nichtexistenz, dass du gar nicht erst versuchst, ihre Stimmen zu hören.

Tatsächlich stammen die Botschaften von deiner göttlichen Führung. Es ist so, als könntest du die Übertragungen deines Kommunikationssystems Göttlicher Führung (KSGF) auf einer Frequenz empfangen, die mit der magischen Musik in dir im Einklang ist. Diese Botschaften wollen dich immer darin unterstützen, das Leben deiner Träume zu manifestieren. Sobald du erst einmal gelernt hast, diese Botschaften zu erkennen oder zu »hören« – und ihren Richtungsweisungen zu vertrauen –, erhältst du mehr und mehr Zugang zur Magie in dir.

Wie kann man sich das vorstellen, wenn man seiner göttlichen Führung folgt? Nun, in meinem eigenen Leben lief es ungefähr folgendermaßen.

Schon seit ein paar Jahren empfing ich die Aufforderung, Vegetarier zu werden. Immer wenn ein Gedanke sich in deinem Kopf festzusetzen scheint, musst du aufpassen und auf ihn hören, und dieser Gedanke setzte sich nun wirklich bei mir fest. Mein Gespräch mit meinem Schutzengel Joshua lief ungefähr folgendermaßen ab:

Joshua: Radleigh.

Radleigh: Ja, Josh?

Joshua: Du bist Vegetarier.

Radleigh: Wie bitte? Auf keinen Fall, das bin ich nicht!

Joshua: Doch, doch, das bist du.

Radleigh (weinerlich): Aber was ist mit Cheeseburgern?

Joshua: Du kannst es mir glauben, du bist Vegetarier.

Radleigh (seufzend): Okay. Na gut, ich bin Vegetarier.

Ein paar Wochen später ereignete sich Folgendes:

Joshua: Radleigh.

Radleigh (etwas misstrauisch): Was gibt's?

Joshua: Du bist abstinent.

Radleigh: Von wegen, bin ich nicht!

Joshua (lachend): Doch, das bist du. Glaub mir!

Radleigh: Ach nein! Und was ist mit Martinis?

Joshua: Du bist abstinent.

Radleigh (unterdrückt seine Tränen): Na gut. Wenn's sein muss. Ich bin abstinent.

Und dann kam das:

Joshua: Radleigh.

Radleigh (mit den Fingern in den Ohren): Lalalalalalala. Ich kann dich nicht hören!

Joshua: Doch, kannst du wohl. Dieser alberne Trick funktioniert nur beim Ego.

Radleigh: Na gut, also, was ist?

Joshua: Kein Koffein mehr.

Radleigh: (schweigt)

Joshua: Radleigh?

Radleigh: Also gut. Von mir aus. Ich will darüber gar nicht streiten. Kein Koffein mehr.

Joshua: Guter Junge.

Seit diesen Gesprächen und seit ich meiner Führung vollständig vertraue, habe ich die Buchhalterwelt hinter mir gelassen. Ich habe mehr als zwanzig Verträge mit meinem Verleger unterschrieben und bei mehr als siebzig öffentlichen Veranstaltungen in zehn verschiedenen Ländern gesprochen. Kurz, mit einem Mal floss die Magie wie ein ergiebiger Gebirgsbach.

Vielleicht denkst du: *Ach, komm schon, Radleigh, nicht jeder kann seine Engel hören so wie du.* Da hast du leider unrecht. Im nächsten Kapitel liefere dir die Exklusivanleitung dazu, wie man die großartigen geflügelten Wesen zum Sprechen bringt.

Bis dahin musst du erst einmal erkennen, dass die Engel, der Himmel und Gott nicht etwa dickköpfig sein oder dir Schwierigkeiten machen wollen, wenn sie dich auffordern, bestimmte Veränderungen vorzunehmen. Sie versuchen dich energetisch auf die Höhe des Lebens zu bringen, das du führen möchtest.

Deine Führung muss nicht zwangsläufig von dir verlangen, dass du auf Fleisch, Alkohol und Koffein verzichtest. Folge nicht *meiner* göttlichen Führung, sondern *deiner*. Was immer das für dich heißt: Werde aktiv.

Du weißt, wozu du berufen bist. Es ist ein nagendes Gefühl oder eine Gedankenschleife, die mit »Eigentlich sollte ich …« anfängt und sich fortsetzt mit positivem Handeln, nicht mit negativem, das auf deinem Ego basiert. Mit Dingen, von denen du *weißt*, dass sie gut für dich sind, weil sie dein Leben verbessern. Selbst während du diese Worte liest, denkst du vermutlich: *Ja, ich kenne einige Dinge, die zu tun ich aufgerufen werde.*

Weil diese Vorstellung so unglaublich wichtig ist, will ich dir noch einen weiteren Zugang zu ihr verschaffen. Bestimmt hast du doch schon einmal den Ausspruch gehört: »Gleiches zieht Gleiches an.« Alles im Universum besteht aus Energie und wird von Energie der gleichen Wellenlänge angezogen. Deine Gedanken und Handlungen ziehen mehr von dem an, worauf du dich fokussierst.

Angenommen, du träumst davon, Arzt zu werden. Und angenommen, Arzt kann man am besten sein, wenn die Energie rings um einen her smaragdgrün ist. Augenblicklich jedoch ist deine Energie von hellblauer Farbe. (Du erinnerst dich ja daran, dass Farben einfach nur für bestimmte Wellenlängen des Lichts steht.) An hellblauer Farbe gibt es nichts auszusetzen, es handelt sich um eine wunderbare Farbe, nur ist es eben nicht die *beste* Farbe, wenn man sich als Arzt betätigen will. Sobald du das Universum informierst, dass du Arzt werden willst, beginnt es mit dir zu plaudern wie ein Nachbar, der nichts Besseres zu tun hat. Das ist mein Ernst! Das Universum wird immer weiterreden, bis du dir seinen Rat zu Herzen nimmst und deine hellblaue Energie in die smaragdgrüne verwandelst, die erforderlich ist, wenn du dich erfolgreich als Arzt manifestieren willst. Du musst nur hinhören!

Vielleicht weißt du schon eine Menge über das, was deine göttliche Führung dir mitzuteilen versucht. Möglicherweise hast du Botschaften erhalten wie: *Mach Yoga,* oder: *Es ist an der Zeit, das mit dem Kaffee sein zu lassen.* Wenn ja, dann empfehle ich wärmstens, diese Ratschläge sofort zu beherzigen.

Selbst wenn du dir bereits einiger Veränderungen bewusst bist, die vorzunehmen du aufgerufen bist, rate ich aus zwei Gründen dazu, trotzdem die Lektionen der Dschinnie-Akademie am Ende des Kapitels zu absolvieren:

- Erstens hast du möglicherweise anhand von Lektion 4 »Die ideale Biografie« erkannt, dass es Wünsche gibt, die dir bisher noch gar nicht bewusst waren und die du dennoch verwirklichen möchtest. Das könnte bedeuten, dass das Universum dir vielleicht neue Hinweise schickt, damit du energetisch gut auf deine Träume eingestimmt bist.
- Zweitens liebt es das Ego, göttliche Hinweise zu übertönen, und die Lektion könnte dir helfen, wichtige dir verborgene Bruchstücke zu entdecken.

Das Vertrauenstraining

Sobald du gelernt hast, dich auf dein KSGF einzustimmen, musst du auf der Basis der an dich ergehenden göttlichen Hinweise *handeln.* Wenn du dich bei Ausflüchten erwischst, dann halte inne und überlege dir, warum. *Warum will ich länger auf mein ideales Leben warten? Warum fange ich nicht heute damit an?* Die Antwort lautet vermutlich, dass dein Ego seine Spielchen mit dir treibt.

Magie ist etwas Wunderbares, aber handeln musst du trotzdem. Nicht *alles* bedarf göttlicher Führung und tief greifender Veränderungen in deinem Leben, damit es sich manifestieren kann, doch bei den *großen* Fragen ist das meistens so.

Ich weiß, ich weiß ... du hast gehofft, es reicht aus, wenn du deine Arme über der Brust kreuzt, einmal nickst, mit den Augen blinzelst, und schon geschehen die Dinge wie gewünscht (genau, so war das bei der bezaubernden Jeannie im Fernsehen). Nun, du wirst dich freuen zu hören, dass es manchmal tatsächlich so ist.

Wenn du jedoch analysierst, wie sich etwas wirklich, scheinbar aus dem Nichts manifestiert, dann findest du mit großer Wahrscheinlichkeit irgendwann heraus, dass du es dir offenbar gewünscht hast, ohne dir darüber im Klaren zu sein. Du hast deinen Wunsch nicht mit negativen Gedanken verbunden. Du hast ihn Gott übermittelt, ohne irgendeinen Hintergedanken daran, dass du die Erfüllung deines Wunsches nicht verdienst. Und siehe da, schon ist er erfüllt.

Wenn es dir schwerfällt, dir vorzustellen, dass du die Erfüllung deiner Wünsche verdienst, dann tu bitte das Folgende:

Fertige eine Liste all der wunderbaren Gelegenheiten an, bei denen du dich für andere eingesetzt hast. Jetzt ist nicht der richtige Augenblick für Bescheidenheit! Halte auf dem Papier jeden einzelnen Vorfall fest, an den du dich erinnern kannst. Wenn du wirklich aufrichtig mit dir bist, dann wird dich die Länge deiner Liste erstaunen. Das ist der eindeutige Beweis dafür, dass du es verdienst, deine Wünsche erfüllt zu bekommen, die großen wie die kleinen.

Angenommen, du erhältst göttliche Führung und handelst nach ihr. Du bist bereit, aktiv zu werden, doch um die Wahrheit zu sagen, deine Träume sind wirklich sehr groß. Dein Vertrauen jedoch steht noch immer auf wackeligen Beinen, und du hast keine Ahnung, wo du anfangen sollst. Die Antwort auf diese Frage lautet: Sieh zu, dass dein Vertrauen wächst. Bedenke, der Aufbau von Vertrauen funktioniert wie der Muskelaufbau. Du beginnst mit kleinen Übungen und steigerst dich dann.

Angenommen, du träumst davon, eine Million Euro anzuhäufen. Verfügst du auch über das absolute und unerschütterliche Vertrauen darauf, dass dies möglich ist? Denn wenn du dieses Vertrauen besitzt, dann ist die Erfüllung deines Wunsches schon in Arbeit! Doch wenn in dir auch nur der kleinste Zweifel bleibt, dann befindet sich deine Million Euro vermutlich in deiner fest verschlossenen Wunderlampe.

Finden wir also heraus, wie groß dein Vertrauen ist.

Glaubst du daran, dass du in der kommenden Woche einfach so tausend Euro bekommen könntest? Nein? Na gut, wie ist es dann mit hundert Euro? Fünfzig Euro? Zehn Euro? Also, komm schon! Du kannst zehn Euro in einem Portemonnaie finden, von dem du meintest, du hättest es vollständig ausgeleert, oder unter dem Sitz in deinem Auto. Einigen wir uns auf zehn Euro? Gut.

Beginne also mit deiner Arbeit des Wünschens, indem du um zehn Euro bittest, und bleib ab sofort *wach*. Achte darauf, was sich in deinem Leben ereignet, und insbesondere auf alles, was mit der Manifestierung deines Wunsches zu tun hat.

Bevor du anfängst, zwischen den Kissen auf deinem Sofa zu suchen, wollen wir uns Klarheit verschaffen über das

Wesen der Fülle. Ja, wenn du einen Zehneuroschein vor deinen Füßen auf dem Boden findest, dann wäre das eine eindeutige Manifestation deines Wunsches, den du leicht als solche erkennen könntest. Aber was bedeutet es, wenn dein Kollege beim Mittagessen eine Zehntelsekunde schneller ist und den Geldschein vor dir aufhebt? Würde das auch als Erfüllung deines Wunsches zählen? Wenn deine Freundin dir eine Schachtel Pralinen schenkt, weil sie gerade Diät macht, dann würde das doch auch als Geschenk gelten! Wie auch immer, du hast dir den magischen, energetischen Wert von zehn Euro gewünscht und ihn bekommen. Wunderbar! Damit ist dein Vertrauen gerade ein kleines bisschen gewachsen.

Wie geht es dir, wenn du dir jetzt zwanzig Euro wünschst? Meinst du, du bekommst das hin? Also los! Wenn nicht, dann kehre für eine weitere Woche zu den zehn Euro zurück, so lange, bis du dir zutraust, auch zwanzig Euro zu manifestieren.

Du kannst diese Übung auf jeden deiner Wünsche übertragen. Falls du große Träume hast, und das solltest du unbedingt, dann musst du möglicherweise dein Vertrauen schrittweise aufbauen, bis es die Größenordnung deines großen Traums erreicht hat. Die kleinen Teilstücke werden immer zu größeren Erfolgen führen, und schon bald hast du dein Ziel erreicht!

Dschinnie-ologie

Um ein magisches Leben führen zu können, musst du irgendwo tief in deinem Inneren daran *glauben*, dass du wunderbar bist. Du musst *wissen*, dass dein Leben einen wunderschönen Sinn hat. Du musst das *Vertrauen* darauf in dir haben, dass du, wenn du eines Tages das Tor zum Himmel durchschreitest, mit überwältigendem Applaus empfangen wirst. Wenn du einen derartigen Glauben an dich in dir trägst, legst du deinem ewig zweifelnden und negativen Ego Fesseln an. Wenn dein Geist, Herz und deine Seele gemeinsam an einem Strang ziehen, dann ist dein Ego eindeutig in der Unterzahl. Dann hat es keine Chance.

Eine wirkungsvolle Methode, um ein solches Maß an Selbstwertgefühl aufzubauen und um Magie wahr zu machen, besteht darin, weitere dienstbare gute Geister, also andere Dschinnies, zum Mitmachen zu bewegen. Dazu musst du Menschen finden, die deine Überzeugungen und deinen Wunsch, ein magisches Leben zu führen, teilen. Das ist ein bisschen so, als hätte man die gleiche magische DNA, und deshalb nenne ich es *Dschinnie-ologie*.

Zwar haben große Organisationen sicher ihre Berechtigung, aber ich glaube fest an die Macht der kleinen Gruppen. Wenn du deinen Traum wirklich manifestieren willst, dann funktioniert es am besten in einer vertrauten Gruppe, in der jedem das Gesamtbild und die Einzelheiten dessen, was alle gemeinsam erschaffen wollen, kristallklar vor Augen steht.

Möglicherweise benötigst du unterschiedliche Gruppen für die Manifestation deiner verschiedenen Wünsche. In einer meiner Gruppen habe ich zum Beispiel drei Typen, die alle seit nahezu zwei Jahrzehnten mein Leben mit mir teilen. Wir sind die »Besten der Besten«. Wir sind wie echte Brüder und verhalten uns auch so. Ich kann mich mit allem an sie wenden, sie werden mich immer anfeuern. Meistens unterstützen wir einander im Erreichen persönlicher Lebensziele.

Ja, dass sie mein Leben mit mir teilen, ist bereits eines meiner Lebensziele, und ich empfinde diese Tatsache als Erfüllung eines meiner größten Wünsche.

Außerdem habe ich eine weitere Gruppe bestehend aus drei Frauen, die ich meine »Superheldinnen« nenne. Wir achten darauf, dass wir immer Kurs halten, was unsere beruflichen Ziele angeht, behalten füreinander unseren Kram im Blick und beten füreinander. Die Übergänge sind manchmal fließend, und wir reden auch in meiner Gruppe für berufliche Ziele gelegentlich über persönliche Angelegenheiten, aber das ist kein Problem. Unüberschreitbare Abgrenzungen und unumstößliche Regeln im Hinblick auf die Gesprächsthemen sind nicht erforderlich. Unterstützung und Gespräch dürfen sich ganz natürlich ergeben.

Eine kleine Unterstützungsgruppe gibt dir ein Gefühl von Ermächtigung und flößt dir Selbstwertgefühl ein. Jedem tut es gut, ein bisschen angefeuert zu werden, und es spricht nichts dagegen, wenn du dir ein eigenes Anfeuerungsteam zusammenstellst. Sammle ein paar gute Freunde, und sorg dafür, dass ihr euch regelmäßig seht oder telefoniert. Ihr braucht euch dabei selbst auch nicht zu ernst zu nehmen – lacht, trinkt Tee und entwickelt Ziele. Seid an guten und schlechten Tagen füreinander da. Vergiss nicht, dass Unterstützung immer in zwei Richtungen geht – Geben ist genauso wichtig wie Nehmen. Wenn also dein Telefon klingelt oder du eine SOS-Mitteilung bekommst, musst du reagieren!

Vielleicht sind aber deine Ziele auch nicht von der Art, die du gerne mit Freunden oder guten Bekannten teilen möchtest. Ich weiß, wie es sich anfühlt, die Dinge, die mich augenblicklich faszinieren oder mir Sorgen bereiten, einmal nicht mit guten Freunden teilen zu können. An meinem Heimatort waren die Themen, zu denen ich mich hingezogen fühlte, nicht gerade Tagesgespräch. Es stand einfach niemand zur Verfügung, mit dem ich über Tarotkarten oder Engel oder die Tausenden von Dingen sprechen konnte, die mich »anders« machten. Also suchte ich Ersatz im Internet. Ich fand Menschen in vier oder fünf anderen Staaten, die meine Interessen und Leidenschaften mit mir teilten. Bei den zahllosen Möglichkeiten, über die sozialen Medien mit anderen in Verbindung zu treten, gibt es keinen Grund, warum es dir nicht gelingen sollte, dein eigenes Dschinnieologie-Team zusammenzustellen.

Gesegnet/Gestresst/Ja/Chaos!

Anfangs wirst du Geduld aufbringen müssen, wenn du willst, dass deine Träume wahr werden. Du bist ein Frischling, der mit seiner Magie spielt. Die Erfüllung mancher Träume setzt voraus, dass sich etwas nicht nur in *deinem* Leben verändert, sondern auch in dem anderer. Das Getriebe deiner Dschinnie-Magie muss erst langsam eingefahren werden, aber mit der Zeit wird dein Leben Fahrt aufnehmen, je mehr du dich mit deinen spirituellen Gaben beschäftigst und je mehr Zeit das Universum hat, um die irdische Situation auf deine neuen Wünsche abzustimmen.

Schließlich wirst du nach und nach feststellen, dass deine Manifestationen schneller und mit immer besseren Resultaten erfolgen. Und damit gelangen wir zu einem Prinzip, das ich als »Gesegnet/Gestresst/Ja/Chaos!« bezeichne.

In der Phase, als ich dieses Buch schrieb, war in meinem Leben sehr viel los. Ich arbeitete an zwei Büchern zugleich, entwarf zwei Engelorakel-Kartensets, entwickelte eine App, filmte einen ausführlichen Videokurs, plante einen dreitägigen live übertragenen Kurs und war im Begriff, zu einer Vortragsreise in Europa aufzubrechen. Ach ja, und ich hatte geheiratet und meinem Mann versprochen, dass wir irgendwann in naher Zukunft auch noch Zeit für eine Hochzeitsreise finden würden. All dies kam zu meinem gewohnten Alltag hinzu, zu der Radio- und Internetsendung, die ich moderierte, und zu der täglichen Unterstützung, die ich für Tausende von Schülern über eine bereits eingerichtete Videoschaltung zu gewährleisten zugesagt hatte.

Mit anderen Worten: Ich glaube, ich war in meinem gesamten Leben noch nie so umfassend *gesegnet!* Es gab nichts auf meiner Tätigkeitsliste, das ich nicht mit Freude tat. Alles war Bestandteil meines magischen Lebens.

Außerdem kann ich mich nicht erinnern, jemals in meinem Leben derart *gestresst* gewesen zu sein! Kein Zweifel, all das war »positiver Stress«, der von den vielen Wünschen herkam, die sich gleichzeitig erfüllten. Ich hatte kein Verlangen danach, auch nur eines der vielen Dinge aufzugeben, an denen ich arbeitete.

In Schwierigkeiten brachte mich, dass ich auch weiterhin alles annahm, was man mir anbot: Radiointerviews, Zeitschriftenbeiträge – such dir etwas aus. Ich sagte zu allem Ja. Und kannst du dir vorstellen, welche Folgen das hatte?

Absolutes *Chaos.*

Ich bin davon überzeugt, dass *Ja* ein Wort mit gewaltiger magischer Kraft ist, aber diese Phase meines Lebens machte mir deutlich: Das Wort *Nein* steht dem in nichts nach. *Gesegnet* hatte sich in *gestresst* verwandelt, und jedes neue *Ja* machte mein Leben zu einem noch schlimmeren *Chaos*.

Sobald du die Verbindung mit deiner inneren Magie hergestellt hast, kann es geschehen, dass der dienstbare gute Geist in dir einfach alle Wünsche erfüllt, die dir nur einfallen! Die Magie dehnt sich nach oben hin und in die Welt aus und kann ein bisschen außer Kontrolle geraten. Wenn du also deine eigene Dschinnie sein willst, dann musst du dir unbedingt die *Kontrolle* über deine Magie erhalten. Im magischen Leben geht es um Freude, nicht um Ängste.

Mit ganzem Herzen stimme ich der Aufforderung zu: »Ja zum Leben sagen!« Aber wenn das Leben zu viel wird, dann ist es in Ordnung – und gesünder! –, auch mal Nein zu sagen (oder »Warte«), während du einen Wunsch manifestierst, bevor du den nächsten angehst.

Unbeschwerte Magie

Bisher haben wir uns weitgehend mit der theoretischen Anwendung von Magie befasst. Magie ist jedoch auch etwas sehr Emotionales. Um ein magisches Leben zu manifestieren, muss dein Kopf eingeschaltet sein, aber wenn deine Emotionen sich gegen deine Gedanken wenden, dann kannst du nicht besonders weit kommen.

Es gehört zu den erstaunlichen Dingen beim Einsatz deiner Emotionen für dein magisches Leben, dass sie nicht einmal besonders auf das ausgerichtet sein müssen, was du manifestieren willst. Das mag dir merkwürdig vorkommen, aber tatsächlich ist es eine große Hilfe, wenn es dir schwerfällt, dein Vertrauen aufrechtzuerhalten oder die Erschaffung deines großen, wunderbaren neuen Lebens weiterhin mit Optimismus anzugehen. Vielleicht gelingt es dir ja, deine Gedanken über die Erfüllung deiner Träume im positiven Bereich zu halten, aber irgendwo tief in dir nagen Zweifel oder ein pessimistisches Gefühl. Nun, du musst Zugang finden zu den Gefühlen des Glücks und der Euphorie – auch dann, wenn diese Emotionen erst einmal nichts mit deinen gegenwärtigen Wünschen zu tun haben.

Denn du musst wissen, das Universum ist ein äußerst magischer und freudvoller Ort. Freude und Glück sind genau die Schwingungen, auf die es eingestimmt ist. Wenn du also von Entzücken und Überschwang erfüllt bist, dann schwingst du *mit* dem Universum statt *gegen* es. Gleiches zieht Gleiches an, erinnerst du dich?

Es dürfte kaum verwundern, dass man mit Freude in magischer Hinsicht befriedigendere Ergebnisse erzielt als mit Besorgnis oder Angst. Hier ist die Redewendung treffend: Mit Honig kann man mehr Bienen anlocken als mit Essig. Gelingt es dir also, deine Gedanken unter Kontrolle zu halten, während du glücklich durch die Welt schlenderst, dann wird sich ernst zu nehmende Magie einstellen.

Dabei spielt es keine Rolle, in welchem Zusammenhang deine freudigen Emotionen und Erinnerungen stehen. Finde heraus, wo deine glücklichen Momente sind, und übe dich darin, die mit ihnen zusammenhängenden Gefühle immer dann an die Oberfläche zu holen, wenn du sie benötigst.

Ich will dir ein Beispiel aus meinem Leben geben.

Ich spreche wirklich nicht gerne über mein Alter. Erstens habe ich nicht das Gefühl, dass mein Energiepegel sich mit der Zahl der Kerzen auf meinem Geburtstagskuchen deckt (immer vorausgesetzt, dass ich es überhaupt *irgendjemandem* erlaube, Kerzen auf meine Kuchen zu stecken). Indem ich mich damit beschäftige, wie »alt« ich bin, manifestiere ich ja bereits, dass ich mich »alt« fühle, also wozu das Ganze?

In diesem Fall jedoch lehne ich mich ausnahmsweise aus dem Fenster und gestehe dir, dass ich fünf Jahre alt bin. Genau, *fünf*. Jedenfalls im Inneren! Es mag sein, dass ich wie ein Erwachsener aussehe, aber im Herzen bin ich ein Kind. Und nichts bringt mein inneres Kind stärker zum Vorschein als Weihnachten.

Weihnachtsbaum und Chanukka-Kerzen, Julklotz und heißer Kakao. Schneemänner, Zuckerstangen, glitzernde Päckchen, Rentiere und dicke alte Wichtel in Rot und Grün. Wenn ich diese Aufzählung nur sehe, dann brauche ich jedes Quäntchen Selbstbeherrschung, um nicht vor Begeisterung jubelnd auf und ab zu springen!

Ich glaube, am besten gefallen mir die Lichterketten. Ich *liebe* die Lichter! Was unser Haus betrifft, da sind wir altmodisch. Erinnerst du dich an diese großen kerzenförmigen Glühbirnen in Weiß, Orange, Grün, Rot und Blau? Genau in dieser Reihenfolge folgten sie aufeinander in der Lichterkette. Jedes Jahr versucht irgendjemand, mir diese altmodischen Lichterketten auszureden und mir neumodische LED-Ketten aufzuschwatzen … keine Chance, da mache ich nicht mit! Diese Lichter sind es, diese Lichter am Baum bringen mein inneres Kind zum Leuchten!

Immer wenn ich mir dessen bewusst werde, dass ich mir wegen irgendetwas Sorgen mache oder Angst bekomme, dann zieht sich meine Magie zurück – das ist mir inzwischen klar geworden. Und es gefällt mir nicht. Also nehme ich mir einen Moment lang Zeit, schließe meine Augen und denke an Weihnachten. Vielleicht lege ich sogar die dazugehörige Musik auf. (Ja, ich gehöre zu denen, die im Juli Weihnachtslieder hören; keine Kommentare bitte.) Ich lasse mich von diesen aufgedrehten Gefühlen forttragen, und mit einem Mal bin ich wieder glücklich. Die Freude hat mich wieder. Ich erinnere mich wieder daran, dass das Universum sich wünscht, ich solle die ganze Zeit so empfinden. Und ich halte mich an diesen Gefühlen fest.

Mein Landeplatz der Unbeschwertheit ist Weihnachten; deiner wird vielleicht ein anderer sein. Welcher auch immer es ist: Sobald es dir gelingt, die dazugehörigen Emotionen abzurufen, konzentriere dich auf deinen Traum, während du zugleich diese optimistischen Gefühle aufrechterhältst. Erinnere dich daran, dass du alles Glück der Welt verdienst – dass es zu dir kommt, weil du ein würdiges und magisches Kind Gottes bist.

Möglicherweise wird es dir schwerfallen, diese freudigen Gefühle aufrechtzuerhalten, während du zugleich an die Verwirklichung deiner Träume denkst. Falls dich die Beschäftigung mit deinen Wünschen runterzieht, dann *lass sie los!* Kehre einfach an deinen Landeplatz der Unbeschwertheit zurück.

Magische Zutatenliste: VERTRAUEN

Seine eigene Dschinnie zu sein bringt Aspekte mit sich, die eine größere Herausforderung darstellen. Über sie muss nun gesprochen werden. Du benötigst die felsenfeste, unerschütterliche, geradezu verbissene Überzeugung, das alles, wirklich alles, was dir widerfährt, letztendlich geschieht, um dir in irgendeiner Form Freude zu bringen. Es tut mir leid, dass ich hier schon wieder etwas hervorheben muss, aber hier geht es nicht um Vertrauen, sondern um VERTRAUEN. Vertrauen ist der Glaube an einen Gott, der dich immer liebt, dir ewig zu helfen versucht und nie in seiner Verehrung für dich nachlässt.

Diese Überzeugung trage ich in meinem Herzen und habe an ihr nicht den geringsten Zweifel. Schlimme und schlechte Dinge, oder solche, die wir mit diesen Adjektiven bezeichnen, geschehen in jedem Menschenleben, da bin ich keine Ausnahme. Ja, auch ich trage eine kleine Liste meiner eigenen schrecklichen Erfahrungen in mir, aber ich kann bei fast jeder einzelnen von ihnen erklären, wie sie letztlich mein heutiges Glück beförderte. Bei den wenigen, die ich mir noch nicht erklären kann, zweifle ich nicht im Geringsten daran, dass es mir *irgendwann* gelingen wird. Zwar ist es schön, wenn man für jede kleine Herausforderung, der man sich im Leben stellen muss, einen Erklärungshaken hat, an dem man sein VERTRAUEN aufhängen kann, aber notwendig ist er nicht. VERTRAUEN bedarf keiner Antworten und Erklärungen. (Deshalb heißt es ja VERTRAUEN.)

Wie die meisten Menschen musste auch ich den Verlust geliebter Menschen und Tiere ertragen. Bei einigen von ihnen hat die Zeit den Schmerz geheilt, andere bringen mich noch immer zum Weinen. Durch sie lerne ich, wie wichtig jeder einzelne Augenblick ist. Ihnen verdanke ich die Erkenntnis, dass es nicht nur die besonderen Momente sind, die magisch aufgeladen sein wollen, sondern alle. Mein VERTRAUEN darauf, dass sich diese geliebten Verstorbenen jetzt im Himmel befinden und von dort aus auf mich achtgeben, fand Bestätigung in den zahlreichen Zeichen und Wundern, die voll waren von ihren Fingerabdrücken (oder Pfotenabdrücken).

Die körperlichen und emotionalen Misshandlungen, die ich in meiner Kindheit erfahren musste, haben mich Mitgefühl für andere und Freundlichkeit gelehrt. Außerdem haben sie mir die Einsicht ermöglicht, dass ich niemals wissen kann, warum ein Mensch bitter, unfreundlich oder verschlossen ist. Ich weiß ja nicht, was ihm widerfahren ist.

Eine unglaublich grausame »Liebes«beziehung in meiner Jugend lehrte mich, den wahren Wert späterer zärtlicher, liebevoller, unterstützender und tiefgründiger Beziehungen wertzuschätzen. Außerdem lernte ich etwas über meine eigene Kostbarkeit und meinen Selbstwert und habe danach niemals wieder einem Menschen gestattet, mich so furchtbar zu behandeln.

Wir können Erfahrungen, die wir in unserem Leben machen, ablehnen oder sogar verabscheuen. Das will ich nicht infrage stellen. Doch die Fähigkeit, das VERTRAUEN aufrechtzuerhalten, dass etwas sogar an solchen Erfahrungen mich stärker, widerstandsfähiger und zu einem besseren Menschen macht, nun, *das* ist ein entscheidender Bestandteil der Magie. Und dieses VERTRAUEN wird dir auf lange Sicht mehr Glück bescheren, als du dir überhaupt vorstellen kannst.

Knifflige Magie: Loslassen

Damit es wirklich magisch wird, benötigen wir noch eine Zutat, über die ich jetzt mit dir sprechen möchte. Von allen Bestandteilen, die ich bereits erklärt habe, stellt dieser, wie ich meine, für die meisten Menschen die größte Herausforderung dar.

Du musst loslassen.

Du hast herausgefunden, was du erschaffen möchtest. Du hast es dir in allen Einzelheiten vorgestellt. Dein Kopf und dein Herz sind in diesem gemeinsamen Ziel aufeinander abgestimmt, und du hast sogar angefangen aktiv zu werden. Und jetzt will ich von dir, dass du … *loslassen* sollst?

Ich weiß, das hört sich verrückt an, vielleicht sogar ein bisschen widersprüchlich. Doch erinnere dich daran, was ich dir bereits am Angang gesagt habe: *Glauben* ist entscheidend, wenn du das von dir gewünschte magische Leben wirklich erreichen willst. Du musst daran glauben und darauf vertrauen, dass das Göttliche die Quelle aller Magie ist. Nichts geht über seine Schöpfungsfähigkeit hinaus.

Die meisten machen den Fehler, dass sie Gott sagen wollen, »wie« und »wann« ihre Wünsche sich erfüllen sollen. Sie klammern sich an jede Einzelheit mit einer Art verzweifelter Energie, die alles andere als vertrauensvoll ist. Das ist kein Vertrauen, sondern Angst. Mit Angst kannst du kein magisches Leben manifestieren, sondern höchstens ein sehr unglückliches.

Jedes Mal, wenn ich das Universum um etwas bitte und es dann loslasse, manifestiert es sich in Rekordgeschwindigkeit! Zwar erfordern manche Wünsche, dass du aktiv wirst, doch andere hast du eben absolut gar nicht selbst in der Hand. Du kannst nichts tun; du kannst nur wünschen und warten.

Mir ist es sogar schon passiert, dass ich mir etwas gewünscht und es dann vergessen habe, und mit einem Mal – *peng!* – manifestierte sich mein Wunsch. Solche Vorkommnisse bringen mich immer zum Lachen. Eines von ihnen ereignete sich, als ich dieses Buch schrieb …

Mein frischgebackener Ehemann Lee und ich hatten uns geeinigt, wo wir am liebsten unsere Flitterwochen verbringen wollten – zufällig ein Ort, an dem von Zeit zu Zeit auch eine bestimmte berühmte Person auftaucht. Zwar bewundere ich die Arbeit dieser Berühmtheit, aber das hatte nichts mit unserer Ortswahl für unsere Hochzeitsreise zu tun. Dennoch stellte ich mir die Frage, was wohl geschehen würde, wenn wir dieser Person tatsächlich über den Weg laufen würden. Es war ein Gedanke, der mir Spaß machte, aber keiner, in den ich irgendwelche Energie stecken wollte. Nur ein kleiner Wunsch, den ich hatte und dann losließ.

Eines Morgens waren Lee und ich in dem örtlichen Lebensmittelgeschäft beim Einkaufen, und – *peng!* – plötzlich stand ich dieser berühmten Person gegenüber. Ich war fassungslos. Wir wollten uns nicht aufdrängen, aber wir konnten ihn begrüßen und ihm sagen, wie sehr wir seine Arbeit bewunderten, und er reagierte äußerst liebenswürdig.

Lass uns das Ereignis analysieren: Wie groß sind die Chancen, dass eine berühmte Person, die ich respektiere und bewundere, ein Lebensmittelgeschäft ausgerechnet dann betritt, wenn ich mich gerade darin aufhalte? (Es handelte sich keineswegs um ein Dorf, sondern um den Vorort einer Großstadt, in der viele Berühmtheiten wohnen.) Wie groß sind die Chancen, dass diese berühmte Person sich im gleichen Teil des Ladens aufhält, in dem ich einkaufe, sodass ich sie überhaupt sehen kann?

Das, liebe Leserin/lieber Leser, zeigt dir, wie viel Macht Loslassen hat!

Wenn du darauf beharrst, auf die Entfaltung der Magie Einfluss zu nehmen, statt sie einfach auf die allwissende Weise des Göttlichen zu dir kommen zu lassen, dann sperrst du deine Dschinnie im Grunde genommen zurück in die Wunderlampe. Und wie ich ja bereits erklärte: In der Wunderlampe findet keine Magie statt. Magie gibt es nur außerhalb der Lampe.

Die Genius-Akademie

Lektion 5: Was sagt dir deine göttliche Führung?

Ich schlage vor, dass du diese Übung mehrere Tage hintereinander machst, damit du echte Klarheit darüber gewinnst, was deine göttliche Führung im Gegensatz zu deinem Ego mit dir vorhat. Göttliche Führung fühlt sich an wie sanfte, positive Vorstellungen, die sich in deinem Kopf breitmachen. Das Ego fühlt sich an wie zänkische Ausbrüche oder wie anhaltende Schuldgefühle.

Während der Tage, an denen du dich mit dieser Aufgabe beschäftigst, solltest du in deine täglichen Gebete oder Meditationen einen Text wie den nachfolgenden einbauen. Ich verwende das Wort Gott, aber du kannst es durch den

Begriff ersetzen, der dir am angemessensten erscheint und zu deinen spirituellen Überzeugungen passt.

> *Lieber Gott,*
> *ich bin sehr aufgeregt, weil ich mich jetzt auf dieser Reise befinde, die das Ziel hat, meine Träume wahr werden zu lassen. Ich weiß, um erfolgreich zu sein, muss ich die göttliche Führung, die du mir schickst, hören und nach ihr handeln. Bitte lass mir deine Führung so kristallklar wie möglich zuteilwerden. Hilf mir zu verstehen, was du von mir verlangst, indem du es wiederholst, mir Zeichen schickst und mich positive Emotionen empfinden lässt, wenn ich über die von dir verlangten Veränderungen nachdenke. Ich bitte darum, dass du mir hilfst, leicht in den Fluss der Veränderungen zu finden, und dass du mich mit der für den Erfolg nötigen Motivation erfüllst.*

Selbstverständlich kannst du dieses Gebet um Führung und Unterstützung deinen Bedürfnissen anpassen. Sollten die für dich erforderlichen Veränderungen negative Emotionen wie etwa Schuldgefühle und Hilflosigkeit in dir auslösen, dann bitte Gott um Hilfe dabei, diese Gefühle loszulassen, und um Ermächtigung.

Sollten sich die negativen Emotionen fortsetzen, dann könnten die geplanten »Veränderungen« auch Ablenkungsmanöver deines Egos sein, das dich von den *eigentlich* notwendigen Schritten abbringen will. Verschiebe diese Angelegenheiten auf später, und konzentriere dich auf die göttliche Führung, die sich für dich gut und erreichbar anfühlt. Falls du tatsächlich an den Dingen arbeiten sollst, die sich jetzt gerade nicht gut anfühlen, dann werden sie gewiss nicht lockerlassen. Dann jedoch wirst du aufgrund des Fortschritts, den du bereits gemacht hast, stärker und folglich besser gerüstet sein, um mit ihnen fertigzuwerden.

Manche Menschen kommen am besten zurecht, wenn sie eine Veränderung nach der anderen angehen. Auf mich trifft das ohne Zweifel zu. Achte im Verlauf der Tage, in denen du um die Klarheit deiner göttlichen Führung bittest, genau darauf, welches Thema in dir aufsteigt. Und fang mit diesem Thema an.

Lektion 6: Geschenk der Freude

Halte alles, was du manifestieren möchtest, auf ein paar Blättern Papier fest. Schreibe auf jedes Blatt nur *einen* Traum, keine ganze Liste. Solltest du bereits eine Liste haben, dann ist das gut. Was für ein Dschinnie du doch bist! Hol noch mehr Papier, und schreibe jedes Thema auf ein eigenes Blatt.

Als Nächstes legst du jedes Blatt in einen eigenen Karton. Diese Kartons können klein oder groß sein, du entscheidest. Ich habe es gern, wenn sie alle unterschiedlich sind.

Jetzt packst du jeden dieser Kartons als Geschenk ein – ein Geschenk von dir an den Himmel! – und investierst dabei so viel Freude wie möglich. Erinnere dich an deine euphorischsten Augenblicke in unbeschwerten Zeiten, während du die göttlichen Geschenke zu wunderbaren kleinen magischen *Ichs* verpackst! Während du schneidest und faltest, bittest du die Engel, die Träume, die du einpackst, für dich zu erfüllen. Dann legst du die magischen Geschenke an einen besonderen Ort, wo du sie nach Wunsch betrachten kannst.

Falls du jemals niedergeschlagen bist oder dir wegen deiner Träume Sorgen machst, erinnere dich an deine schön verpackten Geschenke und zaubere damit ein Lächeln auf dein Gesicht. Verharre in diesem freudigen, erwartungsvollen Zustand. Denn genau das sind deine noch nicht ganz manifestierten Träume: noch ungeöffnete Geschenke. Der Tag kommt, aber noch musst du geduldig sein.

Spüre, wie du in den Einklang mit dem Universum findest, und beobachte, wie sich magische Ereignisse einstellen.

5

Deine magischen Helfer

Du wirst Hilfe brauchen, um dein magisches Leben freizulegen und zu beginnen. Der Himmel wird dir einen Mentor oder eine Lehrerin schicken, sobald du ihn oder sie brauchst – ob du darum bittest oder nicht! Ich hatte das Glück, im Verlauf meines Lebens mehreren solchen Menschen zu begegnen. Bei meiner ersten Anstellung als Buchhalter hatte ich eine erstaunliche Mentorin. Was sie mich über Buchhaltung lehrte, wurde in den Schatten gestellt von dem, was sie mir über Professionalität, Reife und den Umgang mit Menschen beibrachte. Zwar hatte ich im Verlauf meiner Buchhalterkarriere noch andere Mentoren, aber keiner hatte je eine solche Wirkung auf mich wie sie.

Als ich das erste Mal aus meinem Beruf ausstieg, fütterte ich den Bücherwurm in mir noch mehr als in der Vergangenheit. Spirituelle AutorInnen und DozentInnen fesselten meine Aufmerksamkeit, und was sie lehrten, holte mich aus dem Tiefschlaf. Ich fing an mir ein Bild von dem magischen Leben zu machen, das ich mir wünschte. Mir wurde klar, dass ich mir wünschte, wie sie ein Leben als spiritueller Lehrer zu führen.

Im Jahr 2003 schlug jemand vor, ich solle doch an dem Engeltherapie-Praxiskurs teilnehmen, den Doreen Virtue anbot. Erstaunlich, obwohl ich mich intensiv mit Engeln beschäftigte, hatte ich noch nie vor ihr gehört, war aber dann sofort Feuer und Flamme. Als ich anrief, um den Kurs zu buchen, rief die Person am anderen Ende der Leitung erstaunt: »Wahnsinn, du sollst wohl wirklich an diesem Kurs teilnehmen!«, und erzählte mir, dass erst vor wenigen Minuten jemand seine Teilnahme in dem seit Monaten ausverkauften Kurs abgesagt und sozusagen Platz für mich gemacht hatte.

Am ersten Tag des Kurses war ich aufgeregt und nervös. Doreen ging, noch bevor es anfing, zwischen den Stuhlreihen hindurch, um jeden persönlich zu begrüßen. Als sie sich bis zu mir durchgekämpft hatte, nahm sie meine Hand und sagte: »Hallo, ich bin Doreen.« Und brach mitten im Satz ab. Noch immer meine Hand haltend, starrte sie mich an und lächelte dann. Dann wiederholte sie: »Hallo, ich bin Doreen. Und wer bist *du?*«

Hast du je eine Situation erlebt, in der du jemandem zum ersten Mal in deinem Leben begegnest und das Gefühl hast, diese Person schon zu kennen? Genau so ging es mir mit Doreen. Bestimmt macht sich hier ein früheres Leben merkbar.

Für mich war der fünfeinhalbtägige Engeltherapie-Praxiskurs eine einzige Glückseligkeit und eines der einschneidendsten Erlebnisse in meinem Leben. Er öffnete mir die Augen für bestimmte Aspekte von Spiritualität, die ich vor dem Kurs nicht hatte wahrnehmen können. Danach vertiefte sich mein Kontakt zu Joshua und insbesondere zu den Erzengeln erheblich.

Danach machte ich noch viele weitere Kurse bei Doreen und arbeitete schließlich als Mitglied ihres Teams mit ihr bei ihren Veranstaltungen. Sie wurde schnell zu meiner Mentorin, meiner Schwester und Freundin. In meinem Herzen spüre ich, dass unsere Beziehung so eng und leichtgängig ist, weil sie schon in vielen vorangegangenen Leben meine Mentorin war.

Fast alles, was ich über Engel weiß, habe ich von der »Engelfrau« Doreen gelernt. Ihr Weg als Lehrerin und Mentorin wurde immer wichtiger für sie; sie hat viele Schüler erreicht. Schließlich wurde sie 2017 eine wiedergeborene Christin, nachdem sie ein einschneidendes Erlebnis mit Jesus hatte, und ihre Arbeit mit Engeln hat sich seither verändert.

Irdische Mentoren sind jedoch nicht die einzigen, die dir helfen, ein magisches Leben zu manifestieren. Der Himmel wird dir auch magische Helfer schicken: *Engel.*

Engel-PR

Es gibt verschiedene Engel, aber diejenigen, mit denen du es am häufigsten zu tun bekommen wirst, sind die *Schutzengel* und *Erzengel.*

Wenn du alles über Engel in Erfahrung bringen willst: Da draußen gibt es unendlich viele Veröffentlichungen zu dem Thema. In diesem Buch will ich mich auf jene Aspekte konzentrieren, die ich für ein magisches Leben besonders wichtig finde.

Bei allen Engeln ist es erforderlich, dass du sie erst um ihre Unterstützung bittest, es sei denn, es handelt sich um bestimmte lebensbedrohliche Situationen. Deine Schutzengel weichen zwar niemals von deiner Seite, doch wenn du in einer bestimmten Situation, für eine wichtige Zielfindung oder eine Herausforderung ihre Unterstützung suchst, musst du sie darum bitten.

Ich rate jedem dazu, den Tag mit einem Gebet zu beginnen und die Engel um Unterstützung für diesen Tag zu bitten. (Doreen macht gerne deutlich, dass wir zu Gott *beten*, aber mit unseren Engeln *sprechen*. Ich unterhalte mich auf sehr meditative Weise mit meinen Engeln, dennoch ist es nicht dasselbe wie Beten.) Ich bitte meine Schutzengel jeden Tag um ihre Unterstützung, und ich bitte auch einige Erzengel um ihre Hilfe, je nach ihrem »Spezialgebiet«, da sie sich mit dem identifizieren, was in meinem Leben gerade im Vordergrund steht.

Erzengel bekommen immer gute Kritiken, aber Schutzengel sind etwas ganz Besonderes. Deshalb finde ich es merkwürdig, wie viele Menschen ihre Schutzengel übergehen und sich direkt an das Reich der Erzengel wenden, wenn sie Hilfe brauchen. Vermutlich liegt es daran, dass sich die Informationen über Erzengel größerer Popularität erfreuen. Sie haben bestimmte Namen und Aufgaben, und es wurde schon viel über sie geschrieben. Manche sind sogar Teil der katholischen Tradition.

Selbst ich ließ mich von den ach so magischen Erzengeln blenden, als ich meinen spirituellen Weg begann. Besonders hatte es mir der Erzengel Uriel mit seinem glitzernden, funkelnd goldenen Licht angetan. Ich schrieb Bücher und entwarf Engelkarten mithilfe des kupfernen Erzengels Gabriel, tanzte im fuchsienfarbigen Licht des Erzengels Jophiel und spürte den königsblauen Schutz des Erzengels Michael.

Doch in den letzten Jahren bin ich zu den Schutzengeln zurückgekehrt. Man könnte sogar sagen, dass ich eine Art PR-Mann für Schutzengel geworden bin.

Ich liebe Schutzengel. Und sie *kennen* mich. Sie *kennen* mich durch und durch. Ich könnte mir durchaus vorstellen, dass sie mich besser kennen als ich mich selbst.

Sie sehen auch noch das Verrückteste deines Tuns. Und sie klatschen dich noch für die letzte deiner großartigen, jedenfalls liebevollen Taten mit engelhafter Geduld ab. Wenn du einer Herausforderung gegenüberstehst, dann wissen sie, dass du sie brauchst, noch bevor du dein erstes andächtiges Wort an sie gerichtet hast. Erzengel sind fantastisch, und ich vergöttere sie, aber deine Schutzengel stehen in der vordersten Front deines Lebens.

Deine Schutzengel kennenlernen

Bei seiner Geburt hat jeder Mensch mindestens zwei Schutzengel an seiner Seite, die bis zum Tod bei ihm bleiben. Ich habe die Information erhalten, dass sie Leben um Leben jede deiner Inkarnationen mit dir verbringen. Sie kennen dich besser als du dich selbst. Ihre Liebe ist unendlich und bedingungslos.

Deine Schutzengel gehören zu den wertvollsten Freunden, die du jemals haben kannst. Sie sind Tag und Nacht für dich da und weichen dir nie, niemals von der Seite. Du bist das einzig Wichtige für sie, und sie lieben dich mehr, als man mit Worten ausdrücken kann.

Es kommt nur äußerst selten vor, dass man die Stimme eines Engels auf die gleiche Weise hört wie die eines Freundes. Das »Hören« erfolgt vielmehr sozusagen im Inneren. Und wenn du einen Engel »siehst«, dann geschieht es höchstwahrscheinlich vor deinem inneren Auge.

Wir alle haben für gewöhnlich einen Haupt-Schutzengel, den wir am leichtesten »hören« können. In der Arbeit mit meinen eigenen Schutzengeln und denen anderer Menschen habe ich festgestellt, dass der Haupt-Schutzengel sich vor allem darauf konzentriert, uns zu trösten und dafür zu sorgen, dass wir uns sicher und geliebt fühlen. Die übrigen in deinem Leben anwesenden Schutzengel haben meistens spezielle Aufgaben oder eine für dein Leben besonders wichtige Fähigkeit. Diese Bereiche können wechseln, je nachdem ob es bei dir gerade mehr um den Beruf, um Beziehungen oder deine Familie geht.

Wer sich mit seinen Schutzengeln beschäftigt, macht sehr unterschiedliche Erfahrungen. Manche tauchen ganz und gar ein und kennen zum Schluss jeden einzelnen ihrer Schutzengel ganz genau. Andere, wie ich, entdecken erst mit der Zeit weitere Engel in ihrem Umfeld. Jahrzehntelang kannte ich nur meinen Haupt-Schutzengel Joshua. Doch in den letzten zehn Jahren habe ich noch zwei weitere kennengelernt.

Ich empfinde Joshua als meinen Engel fürs Allgemeine; kein Job ist ihm zu gering, keiner zu groß, er fürchtet nichts, ist immer da, einfach wirklich ein Schatz von einem Engel! Die anderen beiden befassen sich mit bestimmten Bereichen meines Lebens. Von der Existenz meines dritten Engels wusste ich nichts, bis meine Kollegin Doreen ihn für mich entdeckte, während wir Filmaufnahmen für den zertifizierten Kurs im Auslegen von Engelkarten machten, den wir zusammen geben. Doch sobald ich erst einmal wusste, dass er da war, war mir auch sofort klar, warum. Beruflich war ich jetzt wirklich erfolgreich, und mein neu entdeckter Schutzengel wurde für mich zu einer Art Engelagent, öffnete mir Türen und beriet mich großartig bezüglich meiner nächsten Schritte.

An dieser Stelle ist der Hinweis wichtig, dass unsere verstorbenen Lieben *nicht* unsere Schutzengel sind. Manche Leute gehen davon aus, dass ihre geliebten Verstorbenen auf sie aufpassen, und das ist wunderbar und äußerst real. Meine Mutter starb 2013, und ich bin mir absolut sicher, dass sie äußerst sorgfältig auf mich aufpasst und gelegentlich für mich eintritt. Sie ist, wie andere geliebte Verstorbene, eine Geistführerin. Schutzengel sind bei dir von deiner Geburt an, bis du wieder ins Licht zurückkehrst. Es kann schon sein, dass sie eng mit geliebten Familienmitgliedern oder anderen himmlischen Führern zusammenarbeiten, aber sie sind nicht die gleiche Art Seelen.

Auch Erzengel sind keine Schutzengel. Doch so wie Geistführer oder geliebte Verstorbene können sie sich regelmäßig bei dir aufhalten. So spüre ich die liebende Gegenwart der Erzengel Uriel und Gabriel permanent; dennoch bin ich nicht der Einzige, der sich in ihrem Fokus befindet. Schutzengel richten ihr Augenmerk ausschließlich auf dich, Erzengel jedoch helfen Milliarden Menschen jeden Tag.

Was bedeutet ein Name?

Die Leute fragen mich immer, wie ihre Schutzengel heißen. Jahrelang habe ich mich damit zurückgehalten, die Namen zu nennen. Für mich war es eine derart magische Erfahrung, Joshua kennenzulernen, dass ich niemanden darum bringen wolle, Vergleichbares zu erleben. Doch das änderte sich im Herbst 2015 aufgrund eines Vorfalls während meiner Radiosendung »Magisches mit Radleigh Valentine«.

Als eine Frau anrief und von mir die Namen ihrer Schutzengel wissen wollte, hatte ich schon den Mund geöffnet und wollte sagen: »Nein, aber ich kann dir erklären, wie du sie selbst in Erfahrung bringst.« Doch dann blieben mir die Worte im Hals stecken, und ich hörte Joshua sagen: *Tu es!*

Im Geist erwiderte ich patzig: *Was, ich soll …?*

Und Josh gab zurück: *Tu, was ich gesagt habe!*

Also fügte ich mich.

Unmittelbar nach der Sendung war meine Facebook-Seite voller Anfragen von Leuten, die ebenfalls die Namen ihrer Schutzengel erfahren wollten, und ich begriff das als Zeichen dafür, dass es nun an der Zeit war, zukünftig solche Bitten zu erfüllen. Joshua erklärte mir später, dass es eine Starthilfe sein kann, wenn man die Namen seiner Schutzengel kennt (und er irrt sich nie).

Die Namen deiner Engel können ganz alltäglich sein (wie Joshua, bei uns ein sehr gebräuchlicher Vorname) oder sehr fremd klingende, denen man normalerweise nie begegnet. Manchmal sind es Namen, die man aus der Bibel kennt. Außerdem ist es nicht ungewöhnlich, dass Schutzengel die gleichen Namen tragen wie Erzengel. Wenn das bei dir zutrifft, dann musst dir Klarheit verschaffen, indem du den Engel fragst, ob er einer der berühmten Erzengel ist, der dich nur wissen lassen will, dass er für dich da ist, oder dein ganz persönlicher Schutzengel, der zufällig der gleichen Namen trägt.

Wenn dein Schutzengel den gleichen Namen wie ein Erzengel hat, dann meiner Erfahrung nach deshalb, weil seine Aufgabe in deinem Leben etwas mit dem Fachgebiet des jeweiligen Erzengels zu tun hat. Oder hinter der Dopplung könnte sich der Hinweis deines Schutzengels verbergen, dass du regelmäßiger mit diesem namensgleichen Erzengel zusammenarbeiten solltest.

Wenn du den Namen deines Schutzengels herausfinden willst, ist es am naheliegendsten und einfachsten, ihn einfach danach zu *fragen*. Verleih deiner Intention, deine Schutzengel kennenzulernen, Gewicht, indem du darüber meditierst, Kerzen anzündest, sanfte Musik spielst … all das tust, was dich ein paar Minuten lang in eine friedliche, empfängliche Stimmung versetzt. Für gewöhnlich kommen dir die Namen deiner Engel als Erstes in den Sinn. Lass dich nicht von deinem Ego beschwatzen, dass du dir das alles nur einbildest.

Außerdem kannst du deine Engel bitten, dir ihre Namen zu bestätigen. Diese Bestätigung erfolgt in den nächsten Tagen meist so, dass du ständig und immer wieder über die Namen stolperst. Damit werden alle Zweifel und möglichen Missverständnisse bezüglich der Namen deiner Engel ausgeräumt. Wenn du zum Beispiel den Namen deines Engels als Ava verstanden hast, dann aber in der darauf folgenden Woche ständig dem Namen Eva begegnest, dann solltest du deinen Engel fragen, ob sein richtiger Name nicht vielleicht Eva ist.

Außerdem kannst du deinen Engel um ein Zeichen bitten. Oft löst eine solche Bitte Erfahrungen wie die eben beschriebenen aus: Immer wieder fällt dir im Laufe der nachfolgenden Tage der gleiche Name auf. Oder du siehst überall Rosen, weil der Name deines Engels Rose ist.

Eine weitere Möglichkeit, den Namen eines Engels zu erfahren, bietet sich mit der Hilfe von Doreen Virtues Engel-Orakelkarten. Jede der vierundvierzig Karten des Kartenspiels nennt einen Engelnamen. Konzentriere dich auf deinen Wunsch, die Namen deiner Schutzengel zu erfahren, während du die Karten mischst, und wenn du dann eine Karte aus dem Haufen ziehst, schon kennst du einen deiner Schutzengel beim Namen.

Als ich Joshuas Namen hörte

Ende der Neunzigerjahre hörte ich den Namen meines Haupt-Schutzengels zum allerersten Mal. Ich war kürzlich in ein neues Zuhause gezogen und hatte bemerkt, dass die Energie dort etwas anders als gewöhnlich war. Manchmal »kollidierte« ich mit einem Möbelstück, das in meinem neuen Zuhause gar nicht stand. Besonders deutlich erinnere ich mich an eine Situation, in der ich mit einem Korb frisch zusammengelegter Wäsche den Flur hinunterging und den deutlichen Eindruck hatte, mit *jemandem* zusammengestoßen zu sein. Sofort warf ich den Korb mit aller Wäsche darin von mir!

Ist ja toll, dachte ich. *Ich bin in ein Spukhaus gezogen. Wenn das nicht großartig ist!*

Wenig später berichtete ich das Vorkommnis einer sehr klugen Freundin, und sie sagte: »Aber du bist doch der Engeljunge! Wie kommst du auf den Gedanken, es könnte sich um Gespenster oder etwas ähnlich Schlechtes handeln? Ist dir gar nicht eingefallen, dass es auch einer deiner gefiederten Freunde sein könnte?«

Zum damaligen Zeitpunkt war ich äußerst spirituell und versuchte alles über Engel und andere Aspekte des Göttlichen in Erfahrung zu bringen. Wie sich dann herausstellte, war mit dem Haus energetisch alles in Ordnung. Allerdings hatte sich in *mir* eine energetische Veränderung vollzogen. Meine persönliche spirituelle Arbeit begann Früchte zu tragen. Ich war so durch und durch bereit für eine engere, persönlichere Beziehung mit meinen Engeln, dass ich in meinem Haus sogar mit ihrer Energie zusammenstieß.

Eines Tages betrat ich mein Schlafzimmer, setzte mich auf mein Bett und betrachtete das Bild des Schutzengels, das an der Wand gegenüber hängt. (Es heißt »Watchers in the Night«, ist von Thomas Blackshear und bedeutet mir noch immer viel.) Ich tat nichts Besonderes. Ich sah nur einfach das Bild an und sagte: »Du scheinst mich ja zu kennen, und ich würde dich auch wirklich gerne kennenlernen. Also fangen wir doch einfach an, wie es üblich ist: Wie heißt du?«

Nun, ich habe ja schon gesagt, dass es äußerst selten ist, die Stimme eines Engels tatsächlich zu hören. Für gewöhnlich »hört« man sie nur irgendwie im eigenen Kopf. Aber in diesem Fall war sie laut und klar, als würde ein Mensch sprechen, und ich hörte: »Joshua.« Ich war so fassungslos, dass ich das Bild anstarrte und sagte: »Weißt du was, ich glaube, das reicht für heute.« Dann ging ich aus dem Zimmer.

In der darauf folgenden Nacht hatte ich einen lebhaften »Traum« von Joshua. Das Wort Traum steht in Anführungszeichen, weil ich anfangs *wirklich* glaubte zu träumen, aber dann wurde doch sehr viel mehr daraus. In meinem Traum begegnete ich Joshua, und es fühlte sich an, als hätte ich zufällig und nach Jahren meinen liebsten, engsten Freund wiedergetroffen. Wir lachten und weinten und umarmten uns überschwänglich. Und in diesem Augenblick »erwachte« ich in meinem Traum und dachte: *Moment mal! Das ist gar kein Traum, das geschieht wirklich!*

Selbst wenn ich nach nun zwanzig Jahren diese Geschichte erzähle, treten mir noch immer Tränen in die Augen. Das war der Beginn einer langen, hochgeschätzten Beziehung und des Gesprächs mit Joshua und später meinen anderen Schutzengeln und schließlich den Erzengeln.

Who Ya Gonna Call? Erzengel!

Es gibt zahllose Erzengel, die unsere und andere Welten beschützen. Aber fünfzehn von ihnen sind besonders gut bekannt und unter ihnen wiederum die »großen vier«: Gabriel, Michael, Raphael und Uriel.

Die Erzengel, das erwähnte ich bereits, sind äußerst populär. Und das ist nicht weiter erstaunlich: Sie sind sozusagen die Superstars der Engelwelt. Sie spielen jeder eine ganz konkrete, leicht nachvollziehbare Rolle, also kann man sich gut vorstellen, warum die Leute sich zu ihnen hingezogen fühlen. Es ist unkompliziert, sich zu sagen: »Ich habe ein Problem mit meiner Gesundheit, also rufe ich den Erzengel

Raphael.« Oder: »Ich fühle mich nicht geschützt; ich melde mich besser mal bei Erzengel Michael.«

Jeder Erzengel hat ein eigenes »Fachgebiet«. Natürlich würde jeder von ihnen dir bei jedem Problem bestmöglich helfen, aber sie haben eben alle ihren ureigenen Schwerpunkt. Zum Beispiel kannst du den Erzengel Michael rufen, wenn du Gesundheitsprobleme hast, und er wird sein Bestes tun, um dich zu unterstützen. Doch im Anbetracht der Tatsache, dass es sein Schwerpunkt ist, deine Fesseln an die Vergangenheit zu lösen und dich zu beschützen, würde er vermutlich versuchen, dir eher auf diesem Weg zu helfen. Also ist es ein bisschen so, als würdest du einen Tischler rufen, damit er sich um dein Heizungsproblem kümmert.

Bevor ich dich mit den fünfzehn wichtigsten Erzengeln und ihren Fachgebieten bekannt mache, möchte ich dir erklären, dass Engel nicht wirklich eine Geschlechtszugehörigkeit haben. Dennoch kann sich ihre Fachrichtung – wie auch die Energie, die sie verströmen – für die meisten Menschen männlich oder weiblich anfühlen. Ich verwende für jeden der Erzengel das Geschlecht, das am häufigsten mit ihm assoziiert wird. Solltest du sie jedoch anders wahrnehmen, dann ist das für dich passend, und du solltest es zulassen.

- *Ariel:* Wenn du dich mit der Frage beschäftigst, wie du in dieser Welt im Hinblick auf Fülle, Wohlstand oder materielle Bedürfnisse das manifestieren kannst, was du brauchst, dann ist Ariel dein Mädel. Sie ist außerdem die Beschützerin der Natur – Tierwelt und Umwelt eingeschlossen. Ihr Name bedeutet »die Löwin Gottes«, und ihre Farbe ist ein blasses Rosa.

- *Azrael:* Wenn dich Trauer niederdrückt, du einen Verlust verarbeiten musst oder die Art Trost brauchst, die dir über negative Erfahrungen hinweghilft, dann rufe Azrael. Er ist der anmutigste und eleganteste der Erzengel. Sein Name bedeutet »Barmherzigkeit Gottes«, und er kann dir – oder Menschen, die dir nahestehen – helfen, Trost zu finden. In seinem Erscheinungsbild dominiert die Farbe Cremeweiß.
- *Chamuel:* Wenn du etwas verloren hast oder auf der Suche nach etwas bist (dem idealen Beruf, dem idealen Partner, deinem Autoschlüssel), dann wird dir der Erzengel Chamuel helfen. Sein Name bedeutet »Auge Gottes«, und er kann dir helfen, alles zu finden, was du suchst. Er wird mit der Farbe Blassgrün assoziiert, und er ist auch der Erzengel, den du rufen musst, wenn du mit irgendetwas in deinem Leben Frieden schließen willst.
- *Gabriel:* Sie ist der Schutzerzengel aller Kreativen. Wenn du künstlerisch arbeitest, Schauspieler, Redner oder Schriftsteller bist, die richtigen Worte in einem Gespräch finden musst, dann wendest du dich am besten an Erzengel Gabriel. Sie ist außerdem nützlich, wenn du jemanden brauchst, der dir hilft, dein Zögern aufzugeben und Dinge erledigt zu bekommen. Da sie außerdem der Verkündigungsengel ist, unterstützt sie Menschen im Hinblick auf Schwangerschaft, Geburt und Adoption. Ihre Energie ist kupferfarben, und ihr Name bedeutet »Kraft Gottes«.
- *Haniel:* Ihr Name bedeutet »Anmut Gottes«. Wenn es dir darum geht, in deiner Spiritualität und Intuition zu wachsen, dann ist sie deine Ansprechpartnerin. Sie

unterstützt dich bei Deutungen oder nimmt sie selbst für dich vor. Außerdem ist sie auf alles Weibliche spezialisiert. Farblich präsentiert sie sich in Silberblau.

- *Jeremiel:* Er ist ebenfalls für die Entwicklung deiner Spiritualität zuständig, aber er hilft dir auch, dein Leben aufzuarbeiten, damit du verstehst, welche Veränderungen für dich notwendig sind. Sein Name bedeutet »Gnade Gottes«, und er erscheint in Tiefviolett.
- *Jophiel:* Sie ist der Erzengel der Schönheit. Sie hilft dir, Platz zu schaffen und jeden beliebigen Bereich deines Lebens zu verschönern. Manche bezeichnen sie als den Feng-Shui-Engel. Für mich ist sie der Erzengel des positiven Denkens, weil man sie auch rufen kann, wenn das eigene Denken entwirrt werden muss. Wie du bestimmt schon vermutest, bedeutet ihr Name »Schönheit Gottes«, und sie schwingt in fuchsienfarbenem Dunkelrosa.
- *Metatron:* Wenn du mit deinem Zeitmanagement nicht zurechtkommst, dann ist er dein Mann. Er kann die Zeit manipulieren, damit du genug Spielraum hast, um ein Projekt zum geplanten Zeitpunkt zu beenden oder um noch rechtzeitig zu einem Termin zu erscheinen. Er ist außerdem der Beschützer von Kindern sowie von empfindsamen und vielleicht medial veranlagten Menschen. Die Bedeutung seines Namens ist unbekannt, seine Farbe ist eine Mischung aus Violett und Grün.
- *Michael:* Wer sich schutzlos fühlt, der wendet sich an den Erzengel Michael um Hilfe, an den »Gottgleichen« (sein Name bedeutet: »Wer ist wie Gott«). Er beschützt uns und nimmt uns unsere Ängste, löst unerwünschte Verbindungen mit der Vergangenheit oder mit Menschen,

die liebevoll aus deinem Leben entfernt werden müssen. Wenn du Selbstvertrauen oder Klarheit im Hinblick auf den Sinn deines Lebens nötig hast, dann wende dich an Michael. Seine Farbe ist ein sattes Königsblau, gelegentlich durchwirkt mit etwas Gold.

- *Raguel:* Wenn es dir darum geht, einen Streit zu schlichten, ein Missverständnis auszuräumen oder einfach dafür zu sorgen, dass in einer Gruppe alles glattgeht, dann musst du dich an Raguel wenden. Sein Name bedeutet »Freund Gottes«, und ihm gelingt es, zwischenmenschliche Schwierigkeiten zu beheben oder dir sogar beim Finden neuer Freunde zu helfen. Er erscheint in blassem Hellblau.
- *Raphael:* Sein Name bedeutet »Gott heilt«, und folglich ist er für jegliche körperliche Heilung zuständig. Falls du also krank bist, Schmerzen oder andere körperliche Beschwerden hast, wende dich an ihn. Raphael ist außerdem der Erzengel der sicheren Reise, ruf ihn also an, wenn du auf langen Strecken mit dem Flugzeug oder dem Auto unterwegs bist. Er hat außerdem etwas von einem Ehestifter. Jenen, die nach einer Liebesbeziehung suchen, rate ich meist, Raphael und Chamuel als Team vor ihren Wagen zu spannen. Raphaels heilendes Licht ist smaragdgrün.
- *Raziel:* Für mich ist Raziel immer wie eine Art Zauberer im Erzengelreich. Er ist äußerst magisch und kann dir helfen, esoterische Informationen zu verstehen, zurückliegende Leben zu heilen oder deine nächtlichen Träume zu interpretieren. Sein Name bedeutet »Geheimnis Gottes«, und es heißt, er sitze am Fuß von Gottes Thron, um

alles Gehörte aufzuschreiben. Er strahlt in allen Regenbogenfarben.

- *Sandalphon:* Wenn du dich fühlst, als würden deine Gebete nicht gehört oder blieben unbeantwortet, dann kannst du Sandalphon anrufen, den Erzengel, der Gebete persönlich zu Gott trägt. Bitte ihn, dir zu helfen, damit du siehst, hörst oder weißt, wie die Antworten auf deine Gebete lauten. Ihm wird außerdem eine Nähe zur Musik nachgesagt, Musiker sollten ihn also ernst nehmen! Sandalphon bedeutet »brüderlich zusammen«, und seine Farbe ist Türkis.
- *Uriel:* Suchst du eine brillante Idee? Brauchst du eine echte Eingebung, damit du weißt, was du als Nächstes tun sollst, oder zu irgendeinem Bereich deines Lebens? Dann ist der Erzengel Uriel ganz besonders für dich da. Er ist außerdem zuständig für emotionale Heilung, falls du also Verletzungen aus der Vergangenheit mit dir herumschleppst, mit denen du dich versöhnen oder die du durcharbeiten musst, dann kann er dir helfen. Wenn du dich als spirituellen Lehrer oder spirituelle Lehrerin siehst, dann kann er dir gemeinsam mit Gabriel eine große Stütze sein. Sein Name bedeutet »Licht Gottes«. Ich nehme ihn in glitzerndem Gold wahr, andere sehen ihn in einem satten Gelb.
- *Zadkiel:* Als die »Gerechtigkeit Gottes« ist Zadkiel der Lehrer im Erzengelreich. Betrachte ihn als eine Art engelhaften Ginkgo biloba! Falls es dir gerade darum geht, eine Prüfung zu bestehen (des Lebens oder in der Schule), etwas Neues zu lernen oder dein Gedächtnis zu schulen, dann wende dich an Zadkiel. Seine Farbe ist ein tiefes

Indigoblau, und er kann dir auch helfen, dir selbst und anderen zu vergeben.

Sollten dich derartige Informationen ebenso faszinieren wie mich, dann empfehle ich dir Doreen Virtues Buch *Alles über Erzengel*.

Engelhafte Erscheinungen

Es liegt schon einige Zeit zurück, da nahm ich an einer besonders denkwürdigen Engel-Konferenz teil. Die Leiterin hatte eine Meditation vorbereitet, um uns mit den fünfzehn bekanntesten Erzengeln vertraut zu machen. Ich blickte mit großen Erwartungen auf das Ereignis, denn meine bereits geschärfte Intuition sagte mir, dass uns eine lebhafte Erfahrung bevorstand.

Die Leiterin begann, indem sie die Erzengel in alphabetischer Ordnung einen nach dem anderen, beginnend mit Ariel, in den Raum einlud. Zu meinem Erstaunen gab mir die Erfahrung rein gar nichts. Ich rutschte auf meinem Stuhl herum, um eine bequemere Haltung zu finden, und versuchte mich besser auf die Meditation zu konzentrieren. Als Nächste waren Azrael und Chamuel an der Reihe. Noch immer hatte ich ein Gefühl, als sei ich ganz allein im Saal. Ich spürte rein gar nichts und fragte mich, was wohl falsch lief.

Die Leiterin ging alle Erzengel durch, und ich spürte weiterhin nichts, bis sie zum vierzehnten kam, zu Uriel. Mit einem Mal explodierte der Raum in einem Glitzern von goldenem Licht! Ich hörte Engel singen! Das strahlende Licht blendete mich fast, und ich wurde ganz euphorisch. Es war unglaublich, was ich da erlebte!

Als die Leiterin den letzten Erzengel, Zadkiel, rief, kehrte für mich die gesamte Meditation in ihr stumpfes Nichts zurück.

Als ich später am Tag aus einem Engelkartenstoß eine Karte zog, war es die des Erzengels Uriel. Gleich danach zog eine andere Teilnehmerin aus einem anderen Deck eine Karte für mich, und wieder war es der Erzengel Uriel. Am Ende des Tages kam eine sehr begabte Deuterin auf mich zu und sagte mir, sie sehe den Erzengel Uriel an meiner Seite.

Schon gut, schon gut, dachte ich, *ich hab's ja kapiert!*

Nicht immer sind Erfahrungen mit Engeln so gewaltig. (Obwohl, es wäre toll, wenn es so wäre!) Doch wenn ein Engel unbedingt deine Aufmerksamkeit erregen will, dann wird ihm das gelingen, glaub es mir. Ich stelle mir gerne vor, dass der Erzengel Uriel mir seinen goldenen Glitzerstempel aufgedrückt hat, damit ich die Welt mit hell strahlenden neuen Ideen erfreuen kann.

Manchmal bleiben bestimmte Erzengel die ganze Zeit an deiner Seite, so wie Uriel es bei mir tut. Andere sind nur so lange bei dir, wie sie brauchen, um dir bei etwas Bestimmtem zu helfen, oder weil sie dir irgendetwas mitteilen wollen.

Es ist wichtig, sich klarzumachen, dass die Erzengel »omnipräsent« sind. Das bedeutet, sie können jederzeit überall zugleich sein. Der Grund dafür ist, dass sie auf der gleichen Ebene arbeiten wie Gott. (Die Namen der meisten Erzengel enden mit »-el«, ein Zusatz, der »von Gott« oder »wie Gott« bedeutet.) Sie sind nicht an irdische Gesetze gebunden, die ihnen räumliche und zeitliche Fesseln auferlegen würden. Sie stehen darüber. Zu behaupten, ein Erzengel sei zu beschäftigt, um dir zu helfen, ist genauso, als würdest du sagen, *Gott* hat zu viel zu tun, um sich auch noch um dich zu kümmern. Du musst dir also keine Sorgen machen, dass du, wenn du etwa den Erzengel Michael um Hilfe bittest, ihn von jemandem wegholst, der ihn dringender braucht als du. Er kann sich gleichzeitig um so viele Menschen kümmern, wie ihn brauchen.

Botschaften des Göttlichen

Du benötigst von niemandem Hilfe, um die Botschaften deiner Engel zu empfangen. Du kriegst das ganz alleine hin. Verfahre so wie beim Empfangen der Namen deiner Schutzengel: Mach deine Intention sichtbar, indem du meditierst, Kerzen anzündest, leise Musik spielst und so weiter. Die Mitteilungen deiner Engel werden sacht in dein Bewusstsein gleiten. Dein Ego versucht vielleicht, dich davon zu überzeugen, dass du dir das alles nur einbildest, aber das ist nicht wahr.

Falls du meinst, unfreundliche oder verurteilende Botschaften zu empfangen, dann hörst du deinem Ego zu, *nicht* deinen Engeln. Engel haben kein Ego. Sie werden dich niemals für irgendetwas verurteilen. Sie werden niemals unfreundlich zu dir sein. Ihre Botschaften sind immer liebevoll.

Wenn Meditation nichts für dich ist, dann kannst du die Botschaften deiner Engel auch wunderbar durch automatisches Schreiben empfangen. So habe ich angefangen; es ist ganz einfach. (Ich erkläre die Vorgehensweise in der Dschinnie-Akademie am Ende des Kapitels.)

Sollte es dir schwerfallen, den Botschaften deiner Engel Glauben zu schenken, dann kannst du um Beweise dafür bitten, dass du alles richtig verstanden hast. Anschließend musst du nur noch auf Zeichen oder Synchronizitäten warten, die bestätigen, was du empfangen hast. Schutzengel teilen sich gerne durch Zeichen mit. Sie schicken dir möglicherweise Federn oder Münzen oder Schmetterlinge. Es kann ein Tag kommen, an dem du ständig Abbildungen von Engeln siehst, beispielsweise im Fernsehen oder auf Werbeplakaten. Vielleicht stolperst du auch ständig über die Ziffer 4 – sie ist eine besondere Ziffer und bedeutet: Engel wachen über dich. Wenn deine Engel dir Zeichen schicken, dann deshalb, weil sie deine Aufmerksamkeit erregen und weil sie eine stärkere Beziehung mit dir eingehen wollen.

Ansonsten werden Engel auf die Weise mit dir Kontakt aufnehmen, für die du am zugänglichsten bis. Beispielsweise stellst du dir Engel vielleicht in langen weißen Gewändern mit großen weißen Flügeln und einem Heiligenschein vor. Eine solche Erscheinung ist sehr häufig, und sie werden sich dir so zeigen, wenn es so für dich am besten ist. Für mich sieht mein Schutzengel Joshua eher aus wie ein älterer Bruder, der mich gerne neckt und mit dem ich viel lache. In Anbetracht dessen, wie ich aufgewachsen bin, ist es das, was ich am meisten brauche: jemand, der mich beschützt und liebt, so wie es ein älterer Bruder tun würde. Ich bin sicher, er würde sein Erscheinungsbild sofort verändern, wenn das für mich nötig wäre, aber das ist es nicht. Mir gefällt er so, wie er ist.

Wir sind alle einzigartig, also gibt es so viele Arten der Kontaktaufnahme zum Himmel wie Menschen auf der Erde.

Ganz egal, wie genau du den Geboten einer bestimmten Konfession oder einer spirituellen Praxis gehorchst, es wird dennoch immer eine gehörige (oder sogar eine sehr große!) Portion deiner persönlichen Einzigartigkeit beteiligt sein. Dem Himmel ist es eigentlich ganz egal, *wie* du kommunizierst, Hauptsache, du *tust* es! Du kannst dem Göttlichen deine Vorlieben mitteilen, und es wird sich gerne entsprechend anpassen.

Stell dir einen Moment lang vor, dass du dich auf einer großen internationalen Versammlung befindest. Du sprichst nur Deutsch. Überall um dich her sprechen die Leute Französisch, Englisch, Spanisch, Japanisch, Portugiesisch … nimm, was du willst. Ein Wortsalat von Informationen strömt auf dich ein, aber du kannst kein Wort verstehen. Natürlich könntest du Französisch oder Englisch oder eine andere Sprache lernen. Aber das würde eine ganze Weile dauern.

Oder du könntest innehalten und rufen: »Würde bitte jemand Deutsch mit mir sprechen?«

Nun, genau so ist der Himmel! Du kannst darum bitten, deine Mitteilungen als Zeichen zu bekommen, in der Meditation, über Engelkarten oder durch automatisches Schreiben, oder in irgendeiner anderen Form, mit der du dich am besten fühlst und über die du deine Informationen am sichersten erhältst.

Zeichen der Zeit

Zeichen sind eine sehr mächtige Art des Himmels, dir Nachrichten zukommen zu lassen. Aber man muss genau aufpassen. Am liebsten verwenden Engel weiße Federn, Münzen, Schmetterlinge und Engelzahlen. (Ich empfehle die Lektüre von *Die Zahlen der Engel*, ein weiteres Buch von Doreen Virtue, wenn du dir einen Überblick über die spezifische Bedeutung von Zahlen im Engelreich verschaffen willst.)

Die am weitesten verbreitete Geschichte von Leuten, die auf Zeichen von ihren Engeln warten und angeblich keine bekommen, geht folgendermaßen:

> Es ist Morgen, und ich stehe auf. Dann nehme ich mir fünf Minuten, um zu meditieren oder meinen Engeln irgendeine kleine Mitteilung zu machen. *Heute brauche ich bitte eine Botschaft von dir,* sage ich. Dann gehe ich unter die Dusche und spule dabei vor meinem inneren Auge die achtzehn Alternativen meines bevorstehenden Arbeitstags ab, was ich für die Kinder erledigen muss und was es zum Abendbrot geben soll. Ich springe ins Auto und fahre wie eine Irre zur Arbeit. Dort versuche ich so viel zu schaffen, wie nur irgend möglich ist. Dann sammle ich die Kinder ein, halte kurz beim Lebensmittelladen, mache das Abendbrot, bringe die Kinder ins Bett und kollabiere schließlich auf dem Sofa.

Am Ende des Tages wundern sich diese Leute dann, warum ihre Engel sie wieder im Stich gelassen und sich nicht gemeldet haben. Und dann rufen sie bei mir in der Radiosendung an und wollen von mir wissen, ob sie *überhaupt* Schutzengel haben. Doch an welcher Stelle ihres Tagesablaufs – und das ist eine ernst gemeinte Frage – war für diese arme Person überhaupt irgendein Innehalten möglich, in dem sie die Zeichen ihrer Engel hätte wahrnehmen können?

Denn um die Wahrheit zu sagen: Das Auto vor ihr hatte ein Nummernschild mit den Ziffern 444. (Erinnere dich, die Ziffer 4 bedeutet, dass deine Engel bei dir sind.) Sie fuhr an einem Werbeplakat vorbei, das einen Engel mit ausgebreiteten Armen zeigte. Als sie die Kinder abholte, spielte im Autoradio das Lied »Calling An Angel«, und als sie, zu Hause angekommen, aus dem Auto stiegen, lag auf dem Fußweg eine weiße Feder.

Aber nein, auch heute wieder keine Botschaft von den Engeln.

Ich versichere dir, Segnungen fallen Tag für Tag vom Himmel auf dich herab wie Regentropfen. Und die Frage lautet: Bemerkst du es überhaupt? Oder beklagst du dich nur über den Regen?

Ich bezeichne mich gerne als Symbol-Nerd, weil ich alles Symbolische so faszinierend finde. Es gibt zahllose Bände, in denen sich jemand über die Symbolik von diesem und jenem auslässt. Manche besonders bewussten Leute lassen sich den Sinn bestimmter Bilder oder wiederkehrender Dinge in ihrem Leben einfach von einer Suchmaschine anbieten. Wenn du beispielsweise mehrere Tage hintereinander immer wieder Giraffen siehst, dann könntest du ins Internet gehen, die Begriffe »Symbolik« und »Giraffe« eintippen und auf diesem Weg deine Botschaft erhalten.

Es ist jedoch nicht erforderlich, dass du dir Spezialwissen über Symbolik aneignest, nur damit du die Zeichen deiner Engel empfängst und verstehst. Um Botschaften vom Himmel durch Zeichen zu erhalten, musst du einfach nur aufpassen und *alles* wahrnehmen. Ich erkenne eine Botschaft in den einfachsten Gesten. Verstehe ich immer ihren Sinn? Nein, natürlich nicht. Aber ich gebe mir immer Mühe, und nach jahrelangem Aufpassen verstehe ich den Sinn der meisten Mitteilungen.

Kürzlich stieß ich in meinem Schrank auf ein Kleidungsstück, das ich vermutlich zehn Jahre lang nicht mehr in der Hand gehabt hatte. Ich bemerkte einen Gegenstand in einer der Taschen und zog ihn heraus. Es war ein Päckchen Minzkaugummi. Also, um die Wahrheit zu sagen, ich kann Minzkaugummi, ja Minze in jeder beliebigen Form, nicht ausstehen. Aber ich wusste sofort, wie das Päckchen dorthin gekommen war, und in diesem Augenblick war das eine sehr bedeutende Botschaft für mich. Ergreifend, süß und äußerst bedeutungsvoll. Plötzlich stand ich da und drückte ein jahrzehntealtes Päckchen Minzkaugummi an mein Herz – ein für mich im höchsten Maß unwahrscheinliches Szenario.

Gelegentlich schicken die Engel eine ganze Serie von Zeichen, die man unmöglich ignorieren kann – eine Art sanfte Engelkopfnuss. Vor ein paar Jahren zum Beispiel fuhren Lee und ich durch die Stadt, um Erledigungen zu machen, als er plötzlich aufschrie und rief: »O mein Gott, sieh mal da, das Auto!«

Das betreffende Auto war umwerfend. Es war auf eine Art feurig rotorange, wie ich es nie zuvor gesehen hatte, ja, es loderte förmlich im Sonnenlicht. Ich habe große Freude an

Autos, insbesondere an ihren Farben. Bei mir zu Hause liegen Berge von alten Autolackmustern bis zurück in das Jahr 1957. Kaum waren wir zu Hause, machte ich mich gleich auf die Suche, denn meine Neugier auf Autofarben hatte mich wieder einmal gepackt.

Es stellte sich als überraschend schwierig heraus, die Farbe zu ermitteln, denn sie war brandneu für das Modell. Schließlich fand ich das Auto und entdeckte, dass es im ganzen Land nur 4 (eine Engelziffer!) Wagen in dieser Farbe gab. Eines der Autos, die ich im Internet gefunden hatte, war gerade in Zahlung gegeben worden, nachdem der Besitzer damit nur 777 Meilen zurückgelegt hatte. (Für Engel bedeutet 777: »Du bist auf dem richtigen Weg. Weiter so!«)

Interessant, dachte ich.

Aus reiner Neugier addierte ich die Fahrgestellnummer, was ich immer mache, wenn ich über den Kauf eines Fahrzeugs nachdenke. Ich hatte ja nun gar nicht vor, dieses Auto zu kaufen, denn der Preis lag jenseits meiner Möglichkeiten und war auch nicht gerechtfertigt. Außerdem mochte ich mein gegenwärtiges Auto. Es war erst vier Jahre alt, nur 14.000 Meilen gelaufen, und ich wollte es noch viele Jahre behalten. Trotzdem stellte ich nur so zum Spaß meine Berechnungen an, und mein Ergebnis lautete 8 – die Ziffer, die für Fülle steht. Im Wesentlichen addierte ich nur die einzelnen Ziffern der Zahlenfolge und erhielt 35, deren beiden Ziffern ich wiederum addierte, und die Summe ergab 8. Diese Ziffer ist für mich die Grundvoraussetzung, dass ich ein Auto kaufe.

Als ich in diesem Augenblick zufällig auf meine Füße schaute, sah ich dort eine weiße Feder. Ich möchte daran erinnern, dass ich im Wohnzimmer saß und nicht draußen im Garten oder in einem Café. Wie gelangt eine weiße Feder so mir nichts, dir nichts in dein Wohnzimmer?

Sogar ich, Mister Magic, flippte jetzt ein bisschen aus. Ich überlegte, ob ich einfach den Computer ausschalten und die ganze Sache vergessen sollte. Aber mein Schutzengel Josh verlangte: »Mach weiter!«

Seufzend antwortete ich: »Also gut. Du wirst schon wissen, wozu du mich da treibst.«

Ich schrieb dem Händler, der sich in einem anderen Staat befand, eine E-Mail. Es war Ostersonntag, also ging ich davon aus, dass ich zumindest bis zum nächsten Tag nichts von ihm hören würde. Aber nein, ich bekam eine postwendende Antwort von einem Typ namens Michael. (Ja, genau, Michael wie der Erzengel?)

Na gut. Eine Feder zu meinen Füßen. E-Mail von Michael. Mein Zappelpegel stieg etwas höher.

Michael erzählte mir, dass der Wagen von einem Mann für seine Frau gekauft worden war und dass sie ihn nach nur drei Monaten zurückgegeben hatten, weil er der Dame doch nicht gefiel.

Hier kamen zu viele Zeichen zusammen, als dass ich sie hätte ignorieren können. Widerstrebend machte ich mich am nächsten Tag auf zu dem Händler bei uns vor Ort, wo ich einen baugleichen Wagen Probe fahren konnte – er hatte nur eine andere Farbe. Als ich mich für die Probefahrt hinter das Lenkrad setzte, sah ich, dass der Kilometerzähler bei 1.444 Meilen stand – eine Engelzahl. Sie sind bei mir. (Diese Engelzahl fordert dich auf, optimistisch zu bleiben, und dir von den Engeln mit deinen Ängsten helfen zu lassen.)

Ich fragte den Verkäufer: »Warum hat dieser Wagen erst so wenige Meilen drauf?«

»Nun«, sagte der Mann, »wir haben ihn an einen Typen verkauft, der ihn nach drei Monaten zurückgebracht hat, weil ihm ein anderer auf unserem Hof besser gefallen hat.« Die gleiche Geschichte wie die von dem Auto mit den 777 Meilen auf der Uhr, nur in einem anderen Staat? Das kann doch wohl nicht wahr sein!

Du kannst dir vorstellen, dass ich inzwischen nur noch lachen konnte. Als ich nach der Probefahrt gerade den Verkaufsraum des Händlers verließ, bekam ich einen Anruf von Hay House, die mir mitteilten, dass sie mein fünftes Projekt bei ihnen absegneten. In dem Moment, als sie mir die Bedingungen meines neuen Vertrags mitteilten, fuhr ein Auto in dieser feuerrotorangen Farbe an mir vorbei. Als ich dann zu Hause in den Briefkasten schaute, fand ich dort einen unerwarteten Scheck.

Ich brauchte kein neues Auto. Ich war gar nicht darauf aus, ein neues Auto zu kaufen. Obwohl das alles für mich überhaupt keinen Sinn ergab, kam ich inzwischen nach meiner Rechnung auf zehn Zeichen von meinen Engeln innerhalb von vierundzwanzig Stunden, die mir sagten, dass ich dieses Auto kaufen sollte. So etwas kann man einfach nicht ignorieren, und deshalb kaufte ich das Auto. Es war schlicht wunderbar!

Ich konnte mir immer noch nicht erklären, warum ich es brauchte, aber allmählich bekam ich eine Vorstellung, als eine Freundin meinte, das Feuerrot sei ohne Zweifel besser zu sehen als die Schlammfarbe des Vorgängers. Vielleicht habe ich einen Unfall vermieden, indem ich auf meine Engel gehört habe.

So wie ich die Geschichte erzählt habe, wäre eine Reaktion wie »Du hast gut reden! Mit solchen und so zahlreichen Zeichen kapiert es ja wohl jeder!« durchaus gerechtfertigt. Doch tatsächlich *sind* die meisten Zeichen genau von dieser Art. Hätte ich die ersten ein oder zwei Synchronizitäten vom Tisch gewischt oder übersehen, dann hätten sie sich insgesamt nicht so angesammelt wie Hänsels Spur aus Kieselsteinen. Die unübersehbare Botschaft wäre mir vielleicht entgangen. Deshalb ist es so wichtig, für die Botschaften und Zeichen wach zu bleiben und ihnen große Aufmerksamkeit zu widmen.

Außerdem solltest du wissen, dass die Engel und der Himmel äußerst leistungsstark sind. Und ich meine *äußerst* leistungsstark! Vor gar nicht langer Zeit schickte mir eine Freundin ein Bild, auf dem nach ihrer Meinung der Erzengel Jophiel zu sehen war. Mir kam er eher wie der Erzengel Gabriel vor. Tatsächlich schienen beide Erzengel auf ihre spezielle Situation zu passen. Indem sie mir das Bild zeigte, ermöglichte sie es dem Himmel, ein Bild mit mehreren zutreffenden Bedeutungen zu verknüpfen. Außerdem erhielt ich auf diese Weise eine Botschaft, die ich vom Erzengel Gabriel benötigte. Gestatte es also deiner eingeschränkten Wahrnehmung als Mensch nicht, bei einer empfangenen Botschaft nur *eine* Bedeutung für möglich zu halten. Und geh nie von nur *einem* Empfänger aus. Unterschätze nicht die magische Fähigkeit des Himmels, mehreren Menschen zugleich zu helfen.

Eine wichtige Rolle spielt auch, wie du einen Engel um ein Zeichen bittest, insbesondere dann, wenn du gerade erst Zugang zu deinem inneren dienstbaren Geist findest. Mach es deinen Engeln leicht. Formuliere deine Fragen nicht zu kompliziert, wie etwa in folgendem Beispiel: »Ihr Engel, ich muss wissen, ob ich nach Detroit, Chicago oder in irgendeine andere Stadt ziehen soll.« Falls du neu auf diesem Feld bist, könnte dir die Antwort der Engel sonst einfach entgehen.

Stelle zu deinem eigenen Wohl Entweder-oder- oder Wenn-dann-Fragen: »Ihr Engel, wenn ich nach Chicago ziehen soll, dann schickt mir bitte ein gut sichtbares und leicht zu verstehendes Zeichen, dass ihr in dieser Sache auf meiner Seite seid.« Achte im Verlauf des Tages auf Federn, Münzen, Tauben und dergleichen. Kannst du nichts wahrnehmen, dann stell den Engeln am nächsten Tag die gleiche Frage nur mit Detroit. Falls du massenweise Federn siehst, fang an zu packen! Siehst du nichts, dann frag deine Engel am darauffolgenden Tag, ob du irgendwo anders hinziehen sollst.

Wenn dir später das Wahrnehmen von Zeichen leichter fällt, kannst du weniger konkrete Fragen stellen, und es wird dir eher gelingen, Bilder von Chicago oder Personen aus Chicago oder subtile Hinweise auf Chicago zu erkennen. Oder Detroit. Und schon weißt du Bescheid.

Mit der Zeit wirst du außerdem Zeichen begegnen, die deine Engel einzig für dich verwenden. Möglicherweise riechst du den Duft von Rosen, obwohl keine da sind. Oder die Botschaft könnte bereits darin bestehen, dass es dir merkwürdig vorkommt, wenn du dich überhaupt in der Nähe von Rosen aufhältst.

Öffne dein Herz für alle Möglichkeiten. Erkenne die Möglichkeit, dass sich eine wichtige Botschaft in einem kleinen Ding (einem Päckchen Minzkaugummi) verstecken kann.

Öffne deine Augen für das Magische. Denn es ist wunderschön. Und es wartet nur auf dich.

Wie es die Karten sagen

Das ohne Zweifel größte Hindernis, um Botschaften von Engeln, Zeichen vom Himmel oder auch Antworten auf Gebete zu erkennen, ist das Ego. Das Ego will dich glauben machen, dass Gott groß ist und voreingenommen und unglaublich wütend auf dich – und dass du klein bist, fehlerhaft, unwichtig und nichts Besonderes. Das Ego sagt: »Also wirklich, warum sollte Gott sich für dich interessieren? Natürlich kannst du deine Engel nicht hören; du bist gänzlich unbegabt. Ach ja und übrigens, es gibt gar keine Engel.«

Ich sage deinem Ego: »Lügner! Wer einmal lügt, dem glaubt man nicht!«

Gott ist groß. Das ist auch schon das einzige Zutreffende in der Geschichte. Gott ist großartig und liebevoll und unendlich und so stolz auf dich, dass man es nicht mit Worten ausdrücken kann. Andererseits bist du ebenfalls großartig und liebevoll und unglaublich magisch und verdienstvoll. Falls du nicht dein gesamtes Leben lang studiert hast, sind dir die Ausmaße deiner spirituellen Gaben mit Sicherheit nicht im Geringsten vertraut – und, *ja*, du hast Engel. Sowohl Gott als auch diese liebevollen, hingebungsvollen, dir immer zur Seite stehenden, dich bewundernden Engel können es kaum erwarten, mit dir ins Gespräch zu kommen! Ich habe ja bereits erklärt, dass der Himmel äußerst schwatzhaft ist. Er spricht unablässig mit dir.

Doch es kann eine große Herausforderung sein, das Ego niederzuringen – für manche mehr als für andere. Deshalb haben im höchsten Maß spirituelle Menschen mit der Zeit spezielle Techniken entwickelt, um unter Umgehung des Egos mit dem Göttlichen zu kommunizieren. Eine dieser Techniken sind Engel-Orakelkarten und Tarotkarten. (Zum Zeitpunkt dieser Buchveröffentlichung in den USA war ich Koautor von fünf Tarotdecks und zwei Engel-Orakelkartendecks, ich weiß also eine Menge über dieses Thema.) Man kann sich diese Karten wie eine »Telefonleitung zum Himmel« oder eine »göttliche Hotline« vorstellen.

Es gibt zwei Gründe, warum Karten und andere divinatorische Hilfsmittel funktionieren:

Erstens: Dein Ego ist grundsätzlich immer hinter dir her, aber wenn du Karten benutzt, dann setzt du dein Vertrauen in sie und in »ihre« Verbindung zum Himmel. Du betrachtest sie bewusst oder unbewusst als magisch, und du stehst nicht mehr unter dem Druck, selbst der Vermittler der hereinkommenden göttlichen Botschaft zu sein.

Selbstverständlich *sind* Karten magisch, aber sie sind nicht die Quelle der Botschaft: Die Quelle bist *du*. Die Karten helfen dir lediglich, dein Ego in dem Maß aus dem Weg zu räumen, dass die göttliche Botschaft übermittelt werden kann. Es macht Spaß, mit ihnen zu arbeiten, aber letztendlich brauchst du sie *nicht*, um Botschaften vom Himmel zu empfangen. Vergiss nicht, dass du – nicht die Bilder auf den Karten vor dir – mit dem Göttlichen verbunden bist und die Botschaft empfängst.

Der zweite Grund dafür, dass divinatorische Hilfsmittel funktionieren, lässt sich am besten anhand einer Analogie erklären. Stell dir einen wunderschönen Wald vor, durch den Menschen seit Jahrhunderten, ja sogar Jahrtausenden hindurchwandern. Selbstverständlich nutzen die Menschen den effizientesten (und vielleicht schönsten) Weg durch den Wald. Es entwickelt sich ein von Millionen und aber Millionen betretener Trampelpfad. Die Menschen vertrauen diesem Pfad und glauben, dass er der beste Weg durch den Wald ist. Auf die gleiche Weise haben Millionen Menschen ihr Vertrauen seit Jahrhunderten und Jahrtausenden in diese Karten oder divinatorischen Hilfsmittel gesetzt. Stell dir vor, welche Menge an gemeinsamer Dschinnie-Energie in diese Art der Kontaktaufnahme mit dem Göttlichen investiert wurde! Kannst dir vorstellen, wie viel Macht darin liegt? Du kannst glauben, dass die Karten ein magischer Pfad sind, der dich durch den Wald der Spiritualität direkt zum Himmel führt.

In der Vergangenheit haben sich viele Menschen vor Tarotkarten gefürchtet. Ich kann das nachvollziehen. Meine Mitautorin Doreen Virtue und ich waren auch nicht allzu glücklich über etliche der Abbildungen oder Begriffe auf den Karten. Eine der traditionellen Tarotkarten zeigt einen armen Kerl, der mit dem Gesicht nach unten und zehn Schwertern in seinem Rücken in einem Blutsee liegt. Igitt! Wir brauchen diesen gruseligen Anblick nicht, um die Botschaft zu kapieren, die da lautet: »Hallo! Diese Situation ist jetzt beendet.«

Ich empfinde es als Teil meiner Lebensaufgabe, die abschreckenden Bestandteile der Tarotkarten zu entfernen und durch aktuelle Bilder zu ersetzen, die dem empfindlicheren Wesen der heutigen Menschen Rechnung tragen. Es ist möglich, die gleiche Botschaft zu transportieren und zugleich berührender und aussagekräftiger zu sein.

Um die Wahrheit zu sagen, betrachte ich es als Teil meiner Aufgabe, die Angst vor *allem* Spirituellen zu reduzieren, nicht nur vor dem Tarot. So fällt es leicht, sich daran zu erinnern, dass die Bilder- und Begriffssprache der alten Tarotkarten in eine Zeit zurückreicht, in der das Leben selbst recht furchterregend war. Die Menschen kamen mit den furchterregenden Bilder des Tarot zurecht, weil sie mehr oder weniger ihr tatsächliches Leben zeigten. Zwar ist unser Leben heute keineswegs vollkommen, aber trotzdem um einiges besser als früher. Wir haben uns entwickelt. Unsere Seelen sind empfindsamer geworden – und spiritueller.

Die Tarotkarten spiegeln das Leben, und das kennt traurige Zeiten. Solche Erfahrungen haben wir nicht aus dem Tarot entfernt, aber wir haben die Bilder- und Begriffssprache so zugänglich gestaltet, dass sie den Betrachter nicht mehr zu Tode erschrecken. Wir haben unser Tarot also verdaulicher gestaltet.

Nachdem alles Furchterregende entfernt ist, bleibt nur das Schöne, Erhellende und Magische, um das Ego beiseitezuschieben und mit Gott zu sprechen.

Die Genius-Akademie

Lektion 7: Mit den Schutzengeln sprechen

Eine großartige Methode, um erste Botschaften oder die Namen deiner Engel zu empfangen, ist *automatisches Schreiben.* Ich rate dazu, ein Tagebuch oder eine Kladde ausschließlich der Kommunikation mit deinen Engeln zu widmen. Wie auch bei der Meditation suchst du dir am besten einen ruhigen Ort, an dem du ungestört sein kannst und genügend Zeit hast. Ich beginne gerne mit einem kleinen Gebet. Ich selbst verwende das Wort »Gott«, aber du kannst natürlich verwenden, was du selbst für richtig hältst.

> *Lieber Gott,*
> *ich bin sehr aufgeregt, weil ich jetzt durch meine Kommunikation mit den Engeln in eine tiefere Beziehung zu dir trete. Bitte lass die für mich besten Schutzengel oder Erzengel mit mir in Kontakt treten. Mach es bitte möglich, dass die Botschaften mich klar und deutlich erreichen. Bitte hilf mir, mein Ego beiseitezuschieben, damit ich die Information mit vollem Vertrauen darauf empfange, dass sie göttlicher Natur und für mich zum gegenwärtigen Zeitpunkt bestens geeignet ist. Ich bitte dich, den Erzengel Michael zu schicken, damit er mich während meiner Kommunikation mit den Engeln umfängt und beschützt. Und so sei es.*

Ich gehe automatisches Schreiben gerne wie ein Gespräch an. Wenn du die Namen deiner Schutzengel nicht kennst, dann möchtest du dich vielleicht erst einmal selbst vorstellen und sie dann bitten, dasselbe zu tun, wie ich es bei Joshua gemacht habe. Wenn du die Namen deiner Engel kennst, dann kannst du entweder beginnen, indem du an einen von ihnen ein Hallo richtest oder etwas schreibst in der Art von: »Hallo, hier ist Kathy. Wer will heute mit mir sprechen?« Auf diese Weise können deine Schutzengel – oder vielleicht ein Erzengel – entscheiden, wer in diesem Augenblick die wichtigste Botschaft für dich hat.

Stell deine Frage und schreib dann deine Antwort auf, wie sie dir in den Stift »fließt«. Verändere und reflektiere nichts. Beschränke dich auf das Schreiben, und lass deine Hand so über das Papier gleiten, wie sie es will. Die Antworten werden nicht in deinem gewohnten Sprachgebrauch »kommen«. Mit der Zeit wirst du die Sprechweise der einzelnen Schutzengel unterscheiden lernen und sofort wissen, wer gerade mit dir Kontakt aufgenommen hat.

Vergiss nicht: Wenn sich die Antworten herzlos, wertend oder unfreundlich anhören, dann bist du deinem Ego aufgesessen. In diesem Fall bitte den Erzengel Michael, diese Energie aus deinem Gespräch zu löschen, entferne die Seite mit dem egobasierten Gespräch aus deiner Kladde, und wirf sie fort, damit du neu anfangen kannst.

Mit der Zeit benötigst du die Kladde nicht mehr. Du sprichst einfach mit deinen Engeln in deiner Privatsphäre, im Auto, bei einem Spaziergang oder einfach überall!

Lektion 8: Erzengel-Kombi

Schon vor vielen Jahren entdeckte ich eine Form der Zusammenarbeit mit den Engeln, die ich als außerordentlich einfach, wirkungsvoll und hilfreich empfinde. Ich nenne diese Methode »Erzengel-Kombi«.

Stell dir vor, du stehst in einem Raum oder in der freien Natur. Vier Engel umgeben dich, bilden ein Quadrat, wobei du die magische Person in der Mitte bist. (Erinnere dich daran, dass 4 die Ziffer ist, die für die Engel steht.)

Nun wähle Engel aus für die Situation, in der du Hilfe brauchst. Falls du nur den allgemeinen Schutz und die Gesellschaft deiner Engel für den Tag suchst, dann könntest du zwei Erzengel auswählen, die vor dir stehen und zwei Schutzengel hinter dir. Bei Themen, die dir sehr wichtig sind, solltest du dich für vier Erzengel entscheiden.

Es geht darum, dass du es deiner Intuition überlässt, welche Erzengel du bittest, dich zu begleiten, und auf welche der vier Positionen du sie stellst. Ich selbst beginne jeden Spaziergang mit meinen Engeln, indem ich um die Hilfe des Erzengels Uriel bitte. Viele Menschen würden ohne den Erzengel Michael keinen Schritt tun.

Da der Erzengel Michael für Sicherheit und Schutz steht, möchtest du ihn vielleicht als einen deiner Wegbereiter einsetzen. Falls du der Meinung bist, dass sich nicht alle Menschen dir gegenüber so aufrichtig oder freundlich verhalten, wie du es verdient hast, dann platzierst du vielleicht lieber einen Schutzengel vor dir und lässt dir vom Erzengel Michael den Rücken decken. Fällt es dir schwer, dir deinen Optimismus zu bewahren, willst du als deinen vierten Engel vielleicht den Erzengel Jophiel wählen. Sie hilft dir, in allem das Positive zu sehen, indem sie deine Gedanken verschönert. Stell sie dir in ernsten Situationen als engelhafte rosarote Brille vor (aber nur zu deiner Unterstützung).

Wir wollen uns noch ein paar weitere Gruppierungen von Erzengeln für bestimmte Fragestellungen ansehen. Angenommen, du suchst nach einem Beziehungspartner. In diesem Fall wären die Erzengel Raphael, Chamuel, Jophiel und Raguel geeignet. Vom Erzengel Raphael weiß man aus alten Texten, dass er sich als Ehestifter betätigt hat. Chamuel sieht alles und jeden, er weiß also genau, wo der Mensch ist, der am besten zu dir passt, und wie du am ehesten seinen Weg kreuzt. Der Erzengel Jophiel hilft dir, eine positive Einstellung zu bewahren und für alle Beteiligten eine schöne Erfahrung zu schaffen. Raguel glättet die Ereignisse für dich und sorgt dafür, dass alle offen und aufrichtig mit ihren Gefühlen umgehen.

Falls es dir um deinen Beruf oder um den Sinn deines Lebens geht, fängst du am besten mit Ariel, dem Erzengel der Fülle und des Überflusses an. Der Erzengel Jeremiel ist auf Lebensrückblicke spezialisiert. Nimm ihn hinzu, um zu verstehen, woher du kommst und wo du gegenwärtig in deinem Leben stehst, damit du erfassen kannst, wohin du gelangen willst. Überlege dann, ob du den Erzengel Michael an deiner Seite haben willst, denn er unterstützt uns, den Sinn unseres Leben zu verstehen. Der Erzengel Uriel hilft bei großen Ideen und Offenbarungen und sorgt außerdem dafür, dass du aus der Masse hervorstichst.

Selbstverständlich kann man die Erzengel auch noch in vielen anderen Kombinationen zusammenstellen. Nimm dir etwas Zeit, um dir Listen der Helfer zu erstellen, die du in einzelnen Situationen in deinem Leben aufrufen könntest.

Lektion 9: Dein Engel-Alphabet

Wie wir bereits gesehen haben, nehmen Engel am liebsten durch Zeichen Kontakt mit uns auf. Um Zeichen von Engeln zu empfangen, ist es jedoch nicht erforderlich, alles über die Bedeutung bestimmter Symbole auswendig zu lernen. Betrachte Zeichen als eine eigene Sprache, wobei jedes Symbol einen Buchstaben in deinem Engel-Alphabet darstellt. Das Universum ist durchaus bereit, sich mit dir in der von dir gewünschten Sprache zu unterhalten, du kannst also auch deine eigene Symbolik schaffen. Meine Mutter beispielsweise liebte rosafarbene Rosen und Eulen. Deshalb haben Rosen und Eulen regelmäßig im Leben meiner Schwester und in meinem ihren Auftritt als unerwartete Zeichen dafür, dass unsere Mutter uns ihre Liebe sendet.

Bei dieser Übung geht es darum, eine Liste von Zeichen anzufertigen, die das Universum nutzen soll, wenn es mit dir kommunizieren will. Es ist am besten, wenn deine Symbole nicht unbedingt Dinge sind, die dir ständig im Alltag begegnen. Falls du ein Orchideenliebhaber bist und deine Wohnung mit ihnen vollgestellt hast, dann ist diese Pflanze kein sinnvolles Zeichen, dessen sich der Himmel bedienen kann.

Außerdem solltest du den Engeln die Verwendung deines Alphabets nicht allzu schwer machen. Damit ist beispielsweise gemeint, dass jemand, der an einem sehr heißen Ort lebt, wo es niemals schneit, nicht unbedingt Schneeflocken wählen sollte (unmöglich ist es allerdings auch nicht!). Andererseits musst du auch nicht unbedingt in Afrika wohnen, um dir einen Elefanten als Zeichen auszusuchen. Dein Engel könnte dir einfach eine Abbildung von diesem Tier auf einer Kaffeetasse oder in einer Zeitschrift zeigen. Außerdem möchtest du in dein Alphabet bestimmt auch einige der traditionelleren Zeichen aufnehmen. Wir haben bereits festgestellt, dass Engel gerne Federn, Münzen und Schmetterlinge verwenden, um dir mitzuteilen, dass sie bei dir sind, dass sie dich lieben und mit dir kommunizieren wollen.

Nimm dir nun ein wenig Zeit, um dir dein eigenes Engel-Alphabet auszudenken. Schreib dir alle Zeichen auf, die das Universum im Gespräch mit dir verwenden soll, und was sie dir bedeuten. Dann bitte das Universum, bei der Kommunikation mit dir dein Alphabet zu nutzen! Mit der Zeit wird die Liste länger werden, da es dir besser gelingen wird, die empfangenen Botschaften auch als solche zu erkennen.

6
Alltagsmagie

Dieses Kapitel handelt von »Alltagsmagie«. Hier geht es nicht darum, etwas Bestimmtes zu manifestieren oder bestimmte Wünsche erfüllt zu bekommen. Alltagsmagie hat mehr damit zu tun, dass du auf der energetischen Ebene ununterbrochen ein magisches Leben führst.

Im Anschluss nenne ich Dinge, die du am besten täglich üben solltest. Wenn du dich daran hältst, dann hat das zwei Vorteile:

- Erstens bewahrst du dir eine freudige, hoffnungsvolle und vertrauensvolle Grundstimmung.
- Zweitens sorgst du auf diese Weise dafür, dass du dich im Wünschen übst und geübt bleibst und dass du diese Fähigkeit jederzeit einsetzen kannst.

Wach bleiben

Im ersten Kapitel haben wir bereits darüber gesprochen, wie wichtig es ist, wach zu bleiben. Es geht darum, im Augenblick zu sein und weder in die Vergangenheit noch in die

Zukunft abzuschweifen. Ich habe die Erfahrung gemacht, dass wir, wenn wir etwa in einer Schlange beim Bäcker anstehen und warten müssen, genau das meistens nicht tun – wir sind nicht im Augenblick. Wir beschäftigen uns auch nicht mit dem Augenblick, wenn wir die Wäsche sortieren und zusammenlegen, mit einem Kunden am Telefon ein Routinegespräch führen oder die Kinder von der Schule abholen. Meistens funktionieren wir dann auf Autopilot, und das hat mehr Ähnlichkeit mit Schlafen.

Wach bist du in dem Augenblick, in dem du für einen Sekundenbruchteil weißt, wer du bist. Du erinnerst dich daran, wie erstaunlich schön du bist. Du erkennst, dass das Leben ein Geschenk voller unendlicher Möglichkeiten ist. Das ist der Augenblick, in dem sich kleine wie große Offenbarungen einstellen.

In der Filmkomödie *Joe gegen den Vulkan* erklärt die Protagonistin Patricia der anderen Hauptfigur Joe, dass nahezu die ganze Welt schlafe. Nur ein paar Personen seien wach, und die lebten in beständigem Staunen. Also, wenn das keine vollkommene kosmische Wahrheit ist, dann wüsste ich nicht, wie eine aussehen könnte! Ich finde diesen Gedanken wunderbar. Stell dir vor, wie es sich anfühlen muss, in beständigem Staunen zu leben. Das genau ist doch die Magie des Lebens, oder? Wach sein und deshalb all die unglaubliche Schönheit der Menschen und all dessen, was uns umgibt, sehen zu können, darum geht es doch, wenn es heißt, seine eigene Dschinnie zu sein.

Wenn ich dafür sorgen will, dass ich wach bin, dann konzentriere ich mich auf Dinge, die ich für magisch halte. Ich versuche die Zeit anzuhalten und nur zu *sein*. Das kann bedeuten, dass ich einfach hinausgehe und im Hof oder im Park dastehe. Ich kann meditieren oder mit meinen Engeln schwatzen. Ich könnte aber auch einfach mit meinem Hund Jace schmusen, in seine schmachtenden braunen Augen blicken und sagen: »Was willst du mir heute erzählen, mein Guter?«

Im Grunde ist alles erlaubt, was dich für einen Moment aus deinem Alltagstrott reißt. Meiner Meinung nach kann es dein Leben verändern, wenn du dir diese Auszeit ein- oder zweimal am Tag gönnst. Das ist mein Ernst! Die Erkenntnisse, die du in einem solchen Augenblick gewinnst, können dir wirklich helfen, in der Spur zu bleiben.

Ich bin nicht sicher, ob es möglich ist, *jeden einzelnen Augenblick* des Tages wach zu sein. Falls ja, dann gebe ich gerne zu, dass ich bisher nicht zu dieser Meisterschaft gefunden habe. Es gibt so vieles, das im Verlauf unseres Lebens auf der Erde »erledigt« werden muss, und einiges geht eben am besten auf Autopilot. Aber immerhin habe ich ein paar Anregungen parat, die selbst Alltägliches magisch erscheinen lassen!

Bibbidi-babbidi-bu – das magische Lied

Alltagsmagie bedeutet, von der Vorstellung auszugehen, dass in allem, was du tust, magische Energie steckt.

- Du musst den Boden wischen? Stell dir vor, dass du mit jeder Bewegung alle negative Energie aus deiner Wohnung wischst.

- Du bereitest eine Mahlzeit zu? Ergänze beim Hinzufügen jede Zutat um eine Prise magischer Gesundheit.
- Du ziehst dich an? Durchtränke deine Kleidung mit magischen Elementen. Wähle Farben, die dich glücklich machen, oder funkelnden Schmuck oder glitzernde Dinge.

Außerdem solltest du für dich ein magisches Zauberwort auswählen. Es soll dir helfen, mit negativem Denken Schluss zu machen, und dich zurück zur Magie des Lebens zu führen. Falls du meinst, gerade einen nicht besonders magischen Tag zu erleben, dann sprich dein Zauberwort laut aus und denke an etwas Schönes. Wenn du das oft genug tust, dann reicht allein schon dein Zauberwort, um deinen Tag magisch aufzuladen!

Da wir gerade über magische Worte reden, vergiss nicht die beiden wichtigsten, die ich dir schon beigebracht habe: *Ja* und *Nein*.

Ich rate dir dringend, lerne es, diese beiden magischen Worte äußerst sorgsam einzusetzen.

Sag Ja zu

- deinen Träumen,
- Dingen, die dir Freude bereiten,
- der Liebe.

Sag Nein zu

- Dingen, die dich vom Kurs deines Lebenssinns abbringen,
- Dingen, die dich unglücklich machen,
- jeglichem Missbrauch oder zu Menschen, die deine Freundlichkeit oder Freigebigkeit ausnützen,

- reizvollen und ernsthaft sich anbietenden Gelegenheiten, wenn ein eindeutiges Ja dir zu viel erscheint.

Ein Gebet ist ein Herzenswunsch

Gebete sind magisch. Wenn du in deinem bisherigen Leben Religion als Herausforderung empfunden hast (so wie ich), dann komm gar nicht erst auf den Gedanken, dass die Gebete, von denen wir sprechen, etwas mit Religion zu tun hätten. Stell sie dir lieber als deinen heißen Draht zum Himmel vor. Sie sind der Weg, auf dem du dem Göttlichen eine Botschaft schicken kannst. Sie sind wie ein auf Instagram gepostetes Bild deines Lebens, das mit »@Gott« getaggt ist, damit dein Schöpfer es sieht.

Für mich habe ich herausgefunden, dass Musik wie ein Doppelklick zur Magie ist. Seit Jahren bete ich zur immergleichen Meditationsmusik. Wenn ich das Musikstück nicht bei mir habe, dann bete ich zu einer anderen meditativen Melodie.

Aus zwei Gründen haben Gebete Macht:

Erstens: »Worum du nicht bittest, das kannst du auch nicht bekommen.« Das ist ein Zitat meiner Großmutter, und sie hatte damit vollkommen recht. Beten heißt Bitten, und Bitten veranlasst den Himmel, die erforderlichen Gelegenheiten zu schaffen, um dir das zu geben, was du willst. Deine Bitten werden vielleicht in Bruchstücken oder Teilmengen erfüllt, aber erfüllt werden sie auf jeden Fall. Oder du bekommst stattdessen etwas Besseres.

Zweitens: Wenn das Gute eintrifft, dann wachsen dein Selbstvertrauen und deine Fähigkeit, dir deine eigene Welt zu erschaffen, ins Unermessliche.

Ich wuchs mit einer Kirche auf, die sich durch das Hervorrufen von Schuldgefühlen auszeichnete. Leider basierte ihre Lehre auf Angst und Verurteilung. Wie du dir sicher denken kannst, hat das bei mir nicht besonders gut funktioniert. Als ich alt genug war, mein Leben in die eigenen Hände zu nehmen, wandte ich der organisierten Religion den Rücken zu und machte mich auf die Suche nach meiner eigenen Verbindung zum Göttlichen. Ich musste nicht einmal lange suchen. Sie wartete sozusagen schon auf mich. Es war ein bisschen so, als säßen zwei Engel, vertieft in ihre Zeitungen, auf einer Parkbank, und in dem Augenblick, in dem ich zu ihnen trat, sagte der eine: »Ah gut, da bist du ja. Wir haben auf dich gewartet.«

Ich habe lange gebraucht, um zu der Einstellung zu finden, dass organisierte Religion genauso ist wie alles andere in dieser Welt: Sie kann ein Segen sein oder aber … *kein* Segen. Wenn ich mich in früheren Zeiten ohne Wenn und Aber von einer Sache abwandte, die mir echten emotionalen Schaden zugefügt hatte, dann habe ich vermutlich das Kind mit dem Bade ausgeschüttet. Ich war eben jung und meinte, wenn *ein* Teil schlecht ist, dann muss *alles* schlecht sein.

Eines der Kinder, die ich mit dem Bade ausgeschüttet habe, war das *Gebet*. Interessanterweise war es gar nicht so sehr die Praxis des Betens, von der ich mich befreite, sondern der Begriff. Für jemanden wie mich, der ja später Autor und Vortragsredner werden würde, ist es vielleicht gar nicht so überraschend, dass ich für meine Spiritualität einen neuen Wortschatz benötigte, nachdem ich die organisierte Religion hinter mir gelassen hatte.

Gott wurde »das Universum«, »das Göttliche« oder »die Quelle«. Gebet verwandelte sich in »meine täglichen Meditationen«. Sprachliche Veränderungen auf der Basis von »das Radio/der Radio«, also klein, für mich aber doch von Bedeutung, verstehst du?

Das ganze Schleichen um den heißen Brei der richtigen spirituellen Wortwahl fing für mich 1996 an, als ich über das Buch *Gespräche mit Gott* von Neale Donald Walsch stolperte. Ein großartiges Buch! Für mich kehrte es das Unterste zuoberst. Oder vielleicht sollte ich lieber sagen, dass es für mich alles auf die *richtige* Seite drehte. Plötzlich war Gott heraus aus dem theologischen Sack, und von da an konnte ich das Wort *Gott* auch wieder benutzen.

Das Wort *Gebet* findet sich erst seit Kürzerem wieder in meinem Sprachgebrauch. Um ehrlich zu sein, musste ich dazu vor allem mich selbst überwinden. Denn tatsächlich hatte ich nie aufgehört zu beten. Ich hatte der Sache nur einen anderen Namen gegeben – das Radio/der Radio.

Versteh mich bitte nicht falsch, aber ich habe ja bereits angedeutet, dass ich im Tiefsten meines Herzens nicht glaube, dass es auch nur den geringsten Unterschied zwischen *Gott*, *Universum*, *Quelle* und dem *Göttlichen* gibt – das sind alles nur Synonyme für ein und dasselbe. Und so waren auch meine »täglichen Meditationen« letztlich nichts anderes als Gebete.

Doch egal, ob sie dir als Meditationen oder Gebete verdaulicher erscheinen, für unser magisches Leben sind sie außerordentlich bedeutsam. Sie sind unsere Verbindung zum Göttlichen. Sie gestatten es uns, unsere Hoffnungen und Ängste, unsere Dankbarkeit und Wünsche auszudrücken. Sie erinnern uns daran, dass auch wir göttlich sind. Wir sind die magischen Kinder Gottes. Ist das nicht fantastisch?

Aber wenn es sich für uns so anfühlt, als würden unsere Gebete nicht gehört, und wenn wir meinen, dass unsere Bitten unerfüllt bleiben, dann fühlen wir uns abgeschnitten von unserer Magie. Und das ist überhaupt nicht fantastisch!

Alle unsere Gebete werden beantwortet. Es kann nur leider sein, dass wir die Antwort nicht als solche erkennen, vor allem dann nicht, wenn sie sich von der Antwort unterscheidet, die wir uns vorgestellt haben. Daher nachfolgend meine fünf einfachen Schritte, damit du Antworten auf deine Gebete erhältst *und* die Antworten als solche auch erkennen kannst.

Erstens: *Wisse, worum du betest, aber sei auch auf etwas Besseres vorbereitet.*

Viele Menschen klammern sich an allzu feste Vorstellungen davon, wie Dinge sein sollten. Entsprechend wichtig ist es, dass du das, was du willst, kristallklar vor Augen hast. Aber warum solltest du Gott daran hindern wollen, dir etwas noch Besseres zu geben, wenn es gerade zur Verfügung steht? Ob es sich dabei um eine Beziehung, eine berufliche Veränderung oder die Antwort auf eine Frage handelt: Formuliere sie im Geist als unmissverständliches Gebet. Vertraue darauf, dass die Antwort auf jeden Fall kommen wird und dass du sie als solche erkennen wirst. Dann beende dein Gebet mit den Worten, dass du »das Erbetene oder etwas Besseres« annimmst, und *steh dazu.*

Zweitens: *Sei wach und offen auch für die Antworten, die von deiner Erwartung abweichen oder anders eintreffen, als du es dir vorgestellt hast.*
Ja, ich weiß schon, das hört sich so ähnlich an wie der letzte Punkt, aber es gibt da wirklich einen Unterschied. Und der liegt in der Wahrnehmung. Angenommen, du hast gebetet und Gott um eine Ente gebeten. (He, nun mach schon mit, ja?) Vielleicht ist die Ente ein Zeichen für dich; ich weiß es nicht. Jedenfalls, wenn du so sehr auf deine Bitte nach einer Ente fokussiert bist und schaust und schaust und schaust, aber nirgendwo eine Ente siehst, dann wirst du dir ziemlich sicher sein, dass deine Bitte um eine Ente nicht erhört wurde – sogar dann, wenn du über den Schwan direkt vor deiner Nase stolperst.

Die meisten Menschen, die sich bei mir darüber beklagen, dass ihre Bitte unbeantwortet geblieben ist, haben ihre Augen einfach nicht für die kristallklare Antwort geöffnet, die Gott geschickt hat, auch dann nicht, wenn sie besser ist als das Erwartete.

Drittens: *Verbinde dein Gebet mit Dankbarkeit, nicht mit Angst oder Betteln.*
Dankbarkeit ist ein entscheidender Bestandteil des Gebets. Wenn du das Gebet mit Angst oder irgendeiner Form von Betteln verbindest, heißt das, du willst dich eigentlich nur selbst davon überzeugen, dass nichts geschehen wird. Du verschließt deine Augen vor den Antworten, die der Himmel dir schickt. Dankbarkeit hingegen ist ein sehr wirklichkeitsbezogenes und erwartungsvolles Gefühl. Bete mit Vertrauen und der sicheren Erwartung, dass die für dich bestimmte Antwort

dich auf die für dich beste Weise in der für dich besten Zeit erreichen wird. Und wenn es geschieht, dann bedanke dich.

Falls übrigens Geduld nicht deine herausragende Eigenschaft ist, dann bitte Gott, dir zwischendurch kleine Zeichen oder Antworten zu schicken, damit du weißt, dass die *große* Antwort auf dein Gebet auf dem Weg ist. Und dann vertraue darauf!

Viertens: *Lass dir von dem Erzengel Sandalphon helfen.*
Kannst du dich erinnern, dass ich dir im fünften Kapitel den Erzengel Sandalphon vorgestellt habe? Sein Name bedeutet ungefähr »Bruder«. Allerdings finde ich, er sollte »*großer* Bruder« heißen, denn dieser Engel ist wirklich baumlang! So groß, dass es von ihm heißt, er stehe mit den Füßen auf Mutter Erde und reiche mit dem Kopf bis in den Himmel. Er ist der Botschafter der Gebete; er hebt sie von der Erde auf und übergibt sie Gott. Er ist einer von zwei Menschen, die Gott zu Erzengeln erhoben hat. (Sein Menschenname in der Bibel lautete Elija.)

Wenn dir also ein Erzengel zur Seite steht, der nur darauf wartet, dir mit deinen Gebeten zu helfen, warum solltest du ihn dann daran hindern?

Fünftens: *Bete regelmäßig.*
Ich führe diesen Punkt hier nicht auf, um dir durch die Blume zu sagen, dass Gott deine Gebete nur erhört, wenn du oft genug betest. Diese Vorstellung ist mir zuwider, denn damit würde Gott wieder zurück in den theologischen Sack gesteckt, und da gehört er einfach nicht hin. Regelmäßig sollst du beten, weil es dir Selbstvertrauen gibt.

Wie bei allem, was du regelmäßig übst, entwickelst du zunehmend Vertrauen in deine Fähigkeit, mit deinem Tun erfolgreich zu sein. Außerdem ist es vollkommen in Ordnung, wenn dein Gebet an einem beliebigen Tag nur den folgenden Wortlaut hat: »Danke, lieber Gott, für diesen fantastischen Tag. Und Amen.« Je mehr du betest, desto mehr schärfst du auch deine Fähigkeit, die von Gott gesendeten Antworten zu erkennen.

Und Gott *schickt* Antworten.

Die magische Macht des Alberns

Ich bin ein selbstkritischer, aufgeschlossener, offen homosexueller … alberner Mensch. Fast jeder meiner Freunde trägt ein gewisses Maß Albernheit in sich. Meine Schwester und ihr Mann sind ebenfalls von Albernheit befallen. Mein Neffe und meine Nichte sind auf ganz und gar ehrliche Weise an ihre Albernheit gekommen.

Ich muss wohl auch zugeben, dass ich zur Verbreitung der Albernheit beitrage. Auch die allerernstesten Menschen brauchen nur ein wenig Zeit mit mir zu verbringen, und schon bricht aus ihnen Albernheit hervor. Falls du bisher frei von Albernheit bist, muss ich dich dringend davor warnen, eins meiner Programme auf YouTube anzusehen, denn die Gefahr ist groß, dass du dich mit schlimmstem Ulk und Unsinn ansteckst. Und wenn du es doch tust, behaupte nicht, ich hätte dich nicht gewarnt!

Vermutlich muss ich dir das gar nicht groß erklären: Zurzeit befindet sich unsere Welt in einer *außerordentlich* ernsten

Lage. Ich meine, im Ernst … im Moment ist es einfach zu viel, findest du nicht auch? Ich meine es ernst, wenn ich dir sage, dass ich heutzutage in den sozialen Medien mehr damit beschäftigt bin, irgendwelche politischen Postings zu verbergen, als selbst etwas zu posten. Ich vertrage diese ganze Energie einfach nicht. Mir scheint es so, als sei das energetische Gewicht auf den Schultern vieler Länder im Moment einfach überwältigend. Die Lasten … der Stress … die Angst … Und all das erdrückt den freudvollen Geist mancher Menschen.

Leider hemmt diese Art Besorgnisenergie unsere Fähigkeit, die Dinge zu manifestieren, die wir wirklich wollen. Wenn wir in Gedanken mit nichts anderem beschäftigt sind als mit Sorgen und Zukunftsangst, dann ist das ein schlechter Ausgangspunkt, um Glück zu schaffen. Aber es gibt Mittel dagegen. Es ist möglich, die Sorgen zurückzudrängen und die unbeschwerte Freude, die uns von Gott zugestanden wird, in unser Leben zurückzuholen.

Meditation ist ein gutes Gegenmittel. Sportliche Betätigung ein anderes. Aber die meiner Meinung nach beste Methode, um das Grau zu verdrängen und das funkelnde Licht des Lachens zurückzuholen, ist Albernheit.

Also werde ich mich hier mal eben aus dem Fenster lehnen und mich als Albernheitsexperten ausrufen. Wenn du dich in einer Situation befindest, in der du dich von zu großer Ernsthaftigkeit erholen musst, da kann ich dir helfen. Nachfolgend einige der empfehlenswerten Methoden, mit denen du dein Leben um mehr Albernheit bereichern kannst.

- Zunächst einmal muss ich sagen: Albernheit funktioniert, glaube ich, wirklich dann am besten, wenn du dich mit einem anderen Menschen zusammentust. Natürlich kann man auch für sich allein albern sein, aber irgendwie fehlt dann doch der Pep, der sich mit einem Freund einstellt. Such dir einen Gleichgesinnten zum Herumalbern, und fang einfach an.

- Falls du ein Kind in deinem Leben haben solltest: Kinder sind wahre Experten in Sachen Albernheit. Setz dich mit ihnen hin, und lass dich von ihnen in die Welt der freudigen Ernstlosigkeit einführen.
- Auch Hunde begeben sich gerne auf eine Reise der Albernheit mit dir. (Jedenfalls ist das bei meinen so.) Begib dich einfach zu ihnen auf den Boden, und roll mit ihnen herum, spiel und balge dich mit ihnen, und mach dazu merkwürdige Geräusche.
- Ich helfe mir gelegentlich, indem ich meinen besten Freunden etwas Albernes texte. Mindestens einer von ihnen wird sich darauf stürzen und mitmachen. Ja, wenn sie nicht gerade mit etwas Wichtigem beschäftigt sind, machen alle mit.

Finde das Lustige an so vielen Stellen, wie du kannst. Und dann lache und lache und lache!

Ich bin sicher, dir fallen eigene Methoden ein, um dein inneres albernes Kind zum Lachen zu bringen. Nutze sie, um die Sorgen zurückzudrängen und in dir Platz zu schaffen für die Freude.

Folge deinem Herzen (meistens)

Verstand gegen Herz – dieser Konflikt ist so alt wie die Menschheit. Hörst du auf den intellektuellen Rat deiner Birne, oder folgst du dem Schmachten deines Herzens?

Wir aus der spirituellen Gemeinschaft raten gerne dazu, *immer* deinem Herzen zu folgen, aber manchmal ist das gar nicht so einfach. Und ich stimme zwar in der Regel mit dieser Einstellung überein, aber ich bin mir nicht sicher, ob »immer« wirklich richtig ist.

Ein Teil des Problems liegt in deiner Wahrnehmung, dass es schon einmal ein Fehler war, deinem Herzen zu folgen. Du hast dich in Anna oder Anton verliebt oder bist ein großes Risiko eingegangen, um einem Traum hinterherzujagen, und die Dinge haben sich gar nicht so entwickelt, wie du es erwartet hast. Daraufhin hast du aufgehört, dir selbst zu vertrauen, und wenn du das tust, ist sofort dein Ego zur Stelle, um sich einen Vorteil zu verschaffen. Das ist es, was dir das Dilemma einbringt, Partei für Verstand oder Herz ergreifen zu müssen.

Wir neigen dazu, unseren Verstand losgelöst von unserem Herzen, ja sogar von unserem Geist zu betrachten. Wie oft hast du dich schon bei dem Ausspruch erwischt: »Mein Kopf sagt mir, tu *dies*, aber mein Herz sagt mir, tu *das*«? Als seien dein Verstand und dein Herz der metaphorische Engel auf deiner einen Schulter und der Teufel auf deiner anderen.

In den meisten Fällen empfindest du vermutlich dein Herz als den Engel und deinen Verstand als den Teufel. Das ist deinem Verstand gegenüber ein bisschen unfair. Auf seine Weise versucht dein Verstand nur, dir zu helfen und dich zu beschützen.

Der menschliche Verstand hält nicht allzu viel von Risiken. Unser Herz ist schon eher mal bereit zu sagen: »Probier's doch einfach!« Vor allem dann, wenn das, worum es geht, mit Liebe zu tun hat.

Gibt es irgendetwas im Leben, was uns ein größeres Hochgefühl oder einen bittereren Absturz bescheren kann als die Liebe? Und da dieses Thema nun einmal in die Domäne des Herzens fällt, geben wir nach. Damit will ich nicht sagen, dass das falsch ist.

Jedoch …

Hast du, hat eine Freundin oder ein Familienmitglied die Neigung, sich in ungesunden Zyklen oder Mustern festzufahren? Verlässt du dich auf eine sich wiederholende Routine, wenn es um die Liebe geht? Kennst du vielleicht irgendjemanden, der immer wieder die gleiche Art Partner anzieht? Wenn das zutrifft, dann ist es meist nicht zum Vorteil des Betreffenden. Und wenn sich deine Freundin (zum vierten Mal womöglich) in jemanden verliebt hat, der sie schlecht behandelt, würdest du deiner Freundin nicht auch raten, dieses Mal auf den Verstand zu hören und die Finger von dieser Person zu lassen?

Dazu aber muss man sich des sich wiederholenden Musters bewusst sein. Und dein Verstand ist der Analytiker in deiner metaphorischen Beratergruppe. Trotzdem beschleunigt sich dein Herzschlag, und dein Herz rät dir: »Nichts wie ran!« Also wollen wir jetzt darüber sprechen, was zu tun ist, wenn dein Herz ruft: »Geh nach links!«, und dein Verstand entgegnet: »Um Himmels willen, nein! Geh nach rechts!«

Zuallererst: Lass deinen Verstand zu Wort kommen. Du kannst mir glauben, er lässt sich ohnehin nicht zum Schweigen bringen. Er wird dich entweder in deinen Nachtträumen überfallen oder am Tag wie eine Angstwolke über dir schweben. Seine Einwände werden nicht von allein weggehen. Und das solltest du dir auch gar nicht wünschen. Dein Verstand könnte recht haben, weißt du? Also tu dir einen Gefallen, und überlass ihm mal das Spielfeld.

Wie das geht, willst du wissen?

Tu das Folgende: Schaff dir Zeit für dich allein. Setze deinen allerbesten Hut des objektiven Zuhörers auf, und schnapp dir Papier und Stift. Und nun schreib alles auf, was dein Verstand dir zu der anstehenden Entscheidung sagen will. Streite nicht mit deinem Verstand. Schreib nur einfach alles auf. Wenn du deinen Verstand zu Wort kommen lässt, dann wird er sich für gewöhnlich wieder beruhigen.

Sobald du alles auf dem Papier festgehalten hast, gibt es ein paar Dinge, auf die du achten solltest:

- Zuallererst: Erlebst du hier ein Déjà-vu? Hast du das Gefühl, genau das Gleiche schon mal erlebt zu haben?
- Erkennst du ein wiederkehrendes Muster in deinem Verhalten, mit dem du dich befassen musst?
- Lass uns ruhig bei dem Beispiel aus dem Liebesleben bleiben. Sind die Gründe gegen die Beziehung mit deiner neuen Flamme die gleichen wie jene, deretwegen du auch schon deine beiden letzten Partner verlassen hast? (Wenn das so ist, dann versucht dein Verstand dir zu sagen: »Bihiite, können wir bitte-bitte darauf verzichten, das Ganze noch einmal durchzumachen?«)
- Fühlt sich die Wahl, zu der dich dein Herz zwingen will, so an, als sei sie integer?
- Hast du das Gefühl, dass der Weg, auf den du gehen willst, sich moralisch unrecht anfühlt?

- Wirst du »am Morgen danach« deinem Spiegelbild noch ins Gesicht blicken können?

Sie dir jeden Punkt auf der Liste, die dein Verstand dir gegeben hat, genau an, und geh ihm nach. Wie fühlst du dich mit den einzelnen Punkten? Empfindest du sie als logisch? Oder kommt es dir eher so vor, als hätten sie ihren Ursprung in der Angst?

Denn ein Leben zu führen, das sich auf Angst gründet: Das ist einfach nicht akzeptabel.

Also gut. Jetzt ist es an der Zeit, dein Herz zurück aufs Spielfeld zu lassen. Wenn dein Verstand sich beschwert, dann sag laut: »Lieber Verstand, vielen Dank für deine guten Ratschläge. Ich schätze deinen Wunsch, mich zu beschützen und mir zu helfen. Ich verspreche, dass ich deine Ansichten einbeziehe. Aber jetzt muss ich dich bitten, still zu sein, damit ich meine Gefühle sortieren kann.«

Ich weiß, es hört sich albern an, aber ganz im Ernst, ich habe festgestellt, wenn ich es meinem Verstand gestatte, seine Einwände vorzubringen, ihm danke und ihn dann bitte, mir etwas Zeit mit meinem Herzen zu gönnen, dann funktioniert das.

Wenn dein Herz von dir verlangt, einem ausgetretenen Pfad in den gleichen Wald zu folgen, in dem du dich schon die letzten paar Male verirrt hast, dann rate ich dringend dazu, noch einmal nachzudenken. Wenn du aber die Liste mit den Argumenten deines Verstandes nach bestem Wissen und Gewissen eines nach dem anderen als angstbasiert oder als fern von deinen Lebenserfahrungen abhaken kannst, dann folge deinem Herzen. In diesem Fall stehen die Chancen gut, dass dein Herz den Preis davonträgt.

Aber davon erzählen wir deinem Herzen besser nichts.

Zeit wegwünschen

Ich weiß nicht, wie es dir geht, aber ich habe das Gefühl, als würde sich die Zeit immer noch weiter beschleunigen. Während ich dieses Kapitel schreibe, kommt es mir vor, als hätte ich erst vor zwei Monaten zum letzten Mal Schnee geschaufelt. Tatsächlich befinden wir uns in den letzten beiden Wochen des Sommers, und der Herbst schaut schon um die goldene Ecke. Im Juli kam ich von einem zweitägigen Workshop nach Hause, ging ins Lebensmittelgeschäft, holte die Wäsche aus der Reinigung, blinzelte – und plötzlich war es August.

Früher glaubte ich, dieses Phänomen hätte etwas mit dem Älterwerden zu tun. Aber es spielt keine Rolle, wem ich meine wirbelwindartige Wahrnehmung des zurückliegenden Jahres vortrage; egal ob Alt oder Jung, sie alle stimmen mit mir darin überein, das die Zeit schneller und schneller verfliegt. Und damit einhergehend fühle ich mich zunehmend gestresst bei dem Versuch, alles zu schaffen. Die meisten von uns müssen mit einer Welt der Stichtage klarkommen.

Und wenn wir schon dabei sind, warum nennen wir sie »*Stich*tage«? Werden wir erstochen, wenn wir sie nicht einhalten? Keine schöne Vorstellung, ebenso wenig wie der Tod in dem englischen Wort »deadline«. Ebenso gut könnten wir sie »Lebenstage« nennen, denn schließlich sollen sie uns helfen, das Beste aus unserem Leben zu machen. Manch Sportbegeisterter würde vielleicht auch das Wort »Zieltag« bevorzugen.

Wie auch immer, mein Leben jedenfalls ist in der einen oder anderen Form voll davon. Sie überfluten meinen elektronischen Terminkalender. Und da ist auch schon die Antwort auf die Frage, was die Zeit nur so beschleunigt: unser Wunsch, in ein und dieselbe Zeiteinheit immer mehr Leistungen hineinzuquetschen. Nicht nur in einem beliebigen Jahr, nein, in unserer gesamten Lebenszeit. Wir sind die Sklaven des Erfolges, wie ihn die Gesellschaft definiert. So viel zu tun, aber nicht genug Zeit, um alles zu schaffen. Oftmals handeln wir einfach und hoffen das Beste. Vielleicht hätten wir die Dinge lieber noch mehr durchdenken sollen – aber wer hat dafür schon Zeit?

Nun, ganz ehrlich, wir sollten sie uns nehmen. Eine meiner guten Freundinnen würde dazu sagen: »Ich fühle mich wie die Sklavin des Dringend!« Ich weiß nicht, ob der Satz von ihr stammt, aber sie wollte damit sagen, dass es fortwährend so viele dringende Angelegenheiten gibt, dass ihr meistens die Zeit fehlt, das Gesamtbild in den Blick zu nehmen. Und wenn wir uns gar nicht mit der Frage befassen, wohin wir eigentlich wollen, dann enden wir schließlich oft an einem wenig zufriedenstellenden Ort.

Viele von uns sind schwer urlaubsbedürftig. Wir müssen uns ausruhen. Wir brauchen Zeit zum Nachdenken. Zeit, gelegentlich im Galopp auf dem Weg zur Zielgeraden innezuhalten, damit wir an den Freuden des Lebens nicht vorbeifegen. Aber auch, um uns selbst nicht zu vergessen und das Rennen, zu dem wir angetreten sind, nicht zu verlieren.

Vielleicht übernehmen wir die Vorstellungen eines anderen davon, was ein richtiges Rennen ist, und verlieren dabei unsere eigenen Vorstellungen aus dem Blick.

Viele sagen, fünfundfünfzig ist das neue Vierzig. Während die Zeit verfliegt, haben wir das sogenannte »mittlere Lebensalter« immer weiter hinausgeschoben. Ich erinnere mich deutlich daran, dass ich in meiner Jugend fünfundfünfzig als uralt empfunden habe, und jetzt denke ich, das ist das Alter, in dem alles erst so richtig losgeht. Zugleich habe ich aber auch das Gefühl, dass die Zeit immer mehr auf meine Ziele einwirkt und dass ich mich beeilen muss, wenn ich sie in diesem Leben noch alle erreichen will. Doch Eile sorgt dafür, dass die Zeit immer noch schneller vergeht, und erreiche ich so nicht das genaue Gegenteil?

Ich achte sehr darauf, keine Zeit »wegzuwünschen«. Hast du dich je bei einem Satz erwischt wie: »Ich wünschte, es wäre schon Frühling«? Oder: »Ich kann es kaum abwarten, bis wir endlich in Urlaub fahren«? Oder es geht um Feiertage, Schulabschluss, Rente … Man wünscht sich, die Wartezeit auf ein ersehntes Ereignis zu verkürzen, aber in Wirklichkeit wünscht man damit Zeit fort. Wenn du gedanklich immer nur mit einem zukünftigen Datum beschäftigt bist, dann lebst du nicht im Jetzt. Seine Aufmerksamkeit ganz und gar auf ein zukünftiges Ereignis zu richten mag sich so anfühlen, als stehe die Zeit still, doch nach meiner Erfahrung geschieht das genaue Gegenteil. Wenn das ersehnte Datum endlich da ist, dann blicke ich immer zurück und frage mich, wo die Zeit geblieben ist. Und wir alle erleben, dass der Urlaub gefühlt in einem Wimpernschlag vorbei ist. Sobald man sich erst einmal gewünscht hat, die Zeit möge schneller vergehen, verlangt es eine sehr anspruchsvolle Magie, sie in einer gegebenen Woche wieder zu verlangsamen, denn die Dschinnie in deinem Inneren ist gerade so richtig schön in Schwung.

Anhand der Lektionen in der Genius-Akademie hast du bestimmt schon gemerkt, dass ich viel von Listen halte. Ich erstelle sie in allen Lebenslagen, und sie liegen bei mir zu Hause überall herum. Für gewöhnlich kommen jede Woche neue dazu. Listen zu schreiben hilft mir, fokussiert zu bleiben. Sie lassen mich darüber nachdenken, was wirklich wichtig ist, und befreien mich ein wenig von der Tyrannei des *Dringend!*, damit ich mich mehr auf das Bearbeiten des *Lohnend!* konzentrieren kann. Außerdem verhindern Listen meiner Meinung nach, dass uns die Zeit einfach so durch die Finger gleitet.

Um die Zeit unter Kontrolle zu halten und ihre ständige Beschleunigung zu verhindern, achte ich außerdem sehr darauf, in jedem Tag magische Momente einzubauen. Suche diese ergreifenden, staunenswerten oder ausgelassenen Erfahrungen, mach sie dir bewusst, und halte sie fest, und wenn es nur für ein paar Minuten ist. Das ist eine großartige Methode, um mit deiner eigenen Magie deine persönliche Erfahrung von Zeit zu verändern.

Nimm dir Zeit zum Nachdenken. Nimm dir Zeit für stille Spaziergänge. Schreib Listen. Überdenke deine Ziele. Sorg dafür, dass du wirklich in die Richtung unterwegs bist, in die du gelangen willst.

Und was noch wichtiger ist: Sei im Jetzt.

Die Dschinnie-Akademie

Lektion 10: Tägliche magische Gedächtnisstützen

Es gibt so viele Dinge, die uns von unserer täglichen magischen Praxis abbringen wollen, dass ich im Verlauf jedes Tages gerne kleine Gedächtnisstützen einbaue. Beispielsweise findet sich meine tägliche Gebetsmusik in den meisten meiner Playlists. Es kommt vor, dass ich an dem Tag schon gebetet habe, also überspringe ich den Titel. Manchmal jedoch, bestimmt ein- oder zweimal die Woche, dringt die Musik zu mir durch, wenn sie anläuft. Ich halte inne in dem, was ich gerade tue, und kümmere mich um mein tägliches magisches Gebet.

Eine weitere magische Gedächtnisstütze ist für mich der Terminkalender in meinem Handy. Ich trage mir verteilt über den Tag Sätze ein wie: »Bitte deine Engel um Hilfe!« oder: »Wünsch dir was!«

Du kannst auch handgeschriebene Notizzettel oder Karten in deiner Wohnung, deinem Auto, an deinem Arbeitsplatz oder irgendwo sonst verteilen, wohin du im Laufe eines Tages häufig zurückkehrst.

Lass dir Methoden einfallen, die dir Spaß machen, um dich täglich daran zu erinnern, wach zu bleiben, zu beten, albern zu sein, deinem Herzen zu folgen, im Jetzt zu bleiben – eben einfach ein magisches Leben zu führen.

7

Lebensmagie

Da wir uns schon mit der Alltagsmagie befasst haben, können wir uns jetzt dem umfassenderen Thema widmen: der Lebensmagie. Ich kenne einen alten Spruch mit folgendem Wortlaut: »Es gibt nur zwei Arten, sein Leben zu führen: so, als gäbe es keine Wunder, oder so, als wäre alles ein Wunder.«

Wie wir soeben festgestellt haben, besteht Alltagsmagie aus den Dingen, die die Dschinnie in uns tagtäglich erledigt. Die Magie des Lebens hat jedoch mehr Ähnlichkeit mit einer Lebensphilosophie. Zwar verlangt sie von dir nicht unbedingt ein bestimmtes fortgesetztes Handeln, aber du solltest sie immer im Hinterkopf haben. Magie des Lebens ist das Grundgerüst deiner Überzeugungen, deines Handelns und deiner Lebensweise. Sie besagt, dass du dein Leben *in dem Wissen* führst, dass *alles* magisch ist.

Zeig mir deinen Diamanten

Auf unserem Planeten leben ein paar erstaunliche Seelen. Zutiefst fürsorgliche, offenherzige Menschen, die ihr Leben selbstlos in den Dienst anderer stellen. Sie sind voller Hingebung gegenüber ihrer Familie, ihren Kindern, Freunden oder auch vollkommen Fremden, die gerade Hilfe brauchen. Diese Menschen verdienen unsere höchste Dankbarkeit und unsere ganze Wertschätzung.

Ja, und?

Vermutlich habe ich dich mit der letzten Zeile schockiert. Aber in diesem Abschnitt geht es darum, dass du dich selbst zur Priorität machst, ohne dich deshalb schuldig zu fühlen. Also werden wir zunächst einmal den einleitenden Absatz auseinandernehmen.

Ich habe eine Freundin, die eine vollendete Betreuerin ist. Es spielt keine Rolle, ob es sich um ihren Mann, ihre Kinder, bedürftige Freunde oder um jemanden handelt, den sie gerade eben erst kennengelernt hat: Bereitwillig schiebt sie ihre eigenen Hoffnungen und Träume beiseite, um die Bedürfnisse anderer zu erfüllen. Wenn sie es schafft, etwas für sich zu tun, das sie eine Zeit lang daran hindert, anderen zur Verfügung zu stehen, dann quält sie sich die ganze Zeit mit Schuldgefühlen. Für mich ist sie einer der begabtesten und verdienstvollsten Menschen, die ich kenne, doch sie stellt ständig ihre eigenen Ansprüche an das Leben zurück, um andere glücklich zu machen. Deshalb ist sie meine Inspiration für diesen Buchabschnitt über die Notwendigkeit, mit der eigenen Lebensmagie im Gleichgewicht zu bleiben.

Nachfolgend also meine zehn bedenkenswerten Gründe dafür, warum du dich nicht schuldig fühlen solltest, nur weil du deine eigene Nummer eins bist:

- Jeder Mensch auf der Erde ist gleich wichtig. Wir haben alle den gleichen Wert. Keiner steht über dem anderen. Man könnte zwar meinen, dass der eine oder andere Mensch aufgrund seiner Position oder seiner Bekanntheit wichtiger ist, aber das ist nur eine Illusion. Es ist nicht die Wahrheit. Denn wir sind …
- … ein wunderschönes Mosaik, ein kosmischer Flickenteppich. Jeder von uns ist ein einzigartiges Puzzlestück, das mit allen anderen das erstaunlichste Bild ergibt. Aber nur dann, wenn jedes Stück an seinem Platz ist. Sonst entsteht ein Loch. Ganz egal, wie umwerfend ein fast fertig zusammengesetztes Puzzle auch ist, immer wandern die Augen zuerst dorthin, wo ein Stück fehlt, stimmt's?
- Wenn das Puzzle unvollkommen ist und seine Schönheit durch ein einziges fehlendes Stück gemindert werden kann, dann brauchen wir jedes Stück, um ein vollkommenes Bild zu erschaffen. Womit wir dann wieder beim ersten Punkt angelangt sind, dass nämlich alle Stücke gleich wichtig sind.
- Der Lebenssinn eines jeden Menschen ist wichtig. Du hast Träume für dein Leben, und du hast sie nicht ohne Grund. Und der Grund ist nicht der, dass du dich nach etwas verzehrst, was du schon immer wolltest aber nie bekommen wirst. Stell dir deinen Lebenssinn und deine Träume als einzigartigen Diamanten vor. Einen Diamanten, der so groß ist wie deine Hand. Ich weiß ja nicht, wie es dir geht, aber ich würde deinen Diamanten nur allzu

gerne sehen! Die ganze Welt würde deinen Diamanten gerne sehen! Diamanten sind berühmt dafür, das Licht auf eine so überwältigende Art zu reflektieren, dass sie ein Leuchten in die Augen eines jeden Betrachters zaubern. Wir müssen deinen Diamanten sehen! Aber wenn du deinen Diamanten in eine Kiste legst und dich lieber damit beschäftigst, die Diamanten deiner Mitmenschen zu polieren, dann ist das für uns alle ein Verlust. Denn dan fehlt dein Licht in der Welt, oder anders gesagt: Unser Puzzle ist unvollständig. Wir als eine Welt voller Seelen sind nicht ganz das, was wir sein könnten.

- Lass uns zurückgehen zur Einführung dieses Abschnitts und sie korrigieren: »Zutiefst fürsorgliche, offenherzige Menschen, die ihr Leben selbstlos in den Dienst anderer stellen … verdienen unsere höchste Dankbarkeit und unsere ganze Wertschätzung« – aber nur und nur dann, wenn ihr Lebenssinn der Dienst an anderen ist. Nur dann, wenn die Fürsorge für die Mitmenschen ihr Diamant ist. Wenn sie, indem sie ihr Leben anderen widmen, größeres Glück und größere Erfüllung erleben, denn das ist ihr Lebenssinn, und dann, ja dann schulden wir ihnen alles!

  Wenn es aber nicht ihr Diamant ist, dann bringen sie ein Opfer, und das, auch wenn sie es noch so gut meinen, ist nicht in ihrem höchsten und besten Interesse und daher auch nicht im höchsten und besten Interesse der Welt.

  Um das absolut und zweifelsfrei klarzustellen: Ich vertrete nicht die Auffassung, dass wir uns nicht um andere kümmern, für geliebte Menschen sorgen oder Bedürftigen helfen sollen. (Ehrlich! Bitte schreib mir deshalb keinen wütenden Brief!) Aber ich bin der Meinung, wenn du dein ganzes Leben damit zubringst, die Bedürfnisse anderer auf eine Weise den deinen voranzustellen, dass du selbst nie etwas abbekommst, dann verletzt du nicht nur dich selbst, sondern uns alle.

Besteht der Sinn deines Lebens ausschließlich im Dienst an anderen oder in ihrer Unterstützung dabei, den Sinn ihres Lebens zu erfüllen, dann ist das Ehrfurcht gebietend. Du opferst nichts, denn das ist es, was dir Freude bereitet und deinem Lebenssinn entspricht. Du zeigst deinen Diamanten offen, dein Puzzlestück ist da, wo es hingehört, und alles ist gut. Wenn dieses Leben dich aber nicht befriedigt und dir keine Freude macht, dann rate ich dazu, noch einmal zu überprüfen, ob selbstloser Dienst wirklich dein Lebenssinn ist.

- Du kannst für andere ein Vorbild sein. Bedenke, was du deinen Kindern beibringst. Wenn du deinen Diamanten in einer Kiste fortgesperrt hast und dein Puzzlestück fehlt, was sagt das über dich aus? Heißt es, dass du zum Mitgefühl fähig bist? Oder signalisierst du: »Tut es mir gleich. Werft eure Diamanten da drüben in die Kiste, und schnappt euch einen Lappen. Wir gehen und polieren die Diamanten der anderen«?
- Sich nicht selbst zur Priorität zu machen, sich nicht auf die Verwirklichung der eigenen Träume zu konzentrieren ist sehr wahrscheinlich die Folge von mangelnder Selbstliebe. Mit einem Wort: Sich um andere zu kümmern funktioniert nicht halb so gut, wenn du dich nicht um dich selbst kümmerst. Selbstliebe ist entscheidend. Sie ist das Vergrößerungsglas, durch das wir unsere Liebe auf

andere fokussieren. Wenn wir leer sind, dann haben wir unseren Mitmenschen nichts zu geben.

- Darauf zu achten, dass deine Bedürfnisse und Prioritäten erfüllt sind, ist nicht egoistisch. Es ist gesund. Ja, es gibt auf der Welt egoistische Menschen, die sich nur für sich selbst und für sonst niemanden interessieren. Ich verlange nicht, dass du dich so verhalten sollst. Selbstverständlich sollst du dich um andere kümmern. Und ich versichere dir, diese egoistischen Menschen erfüllen nicht ihren Lebenssinn. Nie und nimmer ist es ihr Lebenssinn, andere zu schikanieren, um das zu bekommen, was sie wollen. Ihr Puzzlestück fehlt, und ihr Diamant befindet sich vermutlich irgendwo tief in einer Höhle, weil sie in der irrigen Angst leben, dass irgendjemand ihn ihnen wegnehmen will.
- Du bist magisch. In dir wohnt eine Dschinnie! Du bist ein erstaunliches, wunderbares, unglaubliches Kind des Göttlichen. Nichts hält dich davon ab, dich um die Menschen zu kümmern, die du liebst, zu anderen freundlich zu sein und trotzdem dafür zu sorgen, dass du das Leben deiner Träume lebst. Du bist vielleicht nicht jeden einzelnen Tag die absolute oberste Priorität auf deiner Liste, aber wenn du dir das Gesamtbild über den ganzen Zeitraum vor Augen führst, dann solltest du dich doch meistens ganz oben befinden.
- Eine Welt, in der wir alle daran arbeiten, unseren Lebenssinn zu verwirklichen, ist möglich. Stell dir eine Welt vor, in der unser göttliches Licht hell erstrahlt. Eine Welt, in der wir unsere Kinder lehren, dass ihr Hiersein einen erstaunlichen, magischen Grund hat und dass sie

dranbleiben sollen und sich durch nichts und niemanden von ihrem Weg abbringen lassen dürfen. Stell dir eine Welt vor, in der unsere Partner uns ganz und gar darin unterstützen, unsere Träume zu verfolgen, und wir sie im Gegenzug ebenfalls unterstützen. Und nicht nur sie, sondern auch unsere Freunde und sogar Fremde. Alle Diamanten sind offen sichtbar und machen die Welt eindrucksvoll hell. Alle Puzzlestücke sind an ihrem Platz, und das Bild, das sie gemeinsam ergeben, ist atemberaubend.

Deshalb solltest du die Nummer eins auf deiner Prioritätenliste sein.

Deshalb sollte das niemals, niemals ein Grund für dich sein, dich schuldig zu fühlen. Wir brauchen dich wegen deines Lebenssinns. Wir brauchen deinen Diamanten, sichtbar und strahlend, damit die Welt erfüllt ist von Licht und damit die Dunkelheit nicht obsiegen kann.

Wir brauchen dein Puzzlestück, denn sonst kann keiner von uns vollständig sein.

Keine Schuldgefühle. Keine Opfer. Keine Selbstverurteilung.

Liebe dich. Zeige dein Licht. Sei deine Nummer eins.

Finde deine Familie

Um ein magisches Leben zu führen, ist es wichtig, eine Familie zu haben. Die meisten Menschen denken bei dem Wort zuvorderst an ihre eigene Familie. Zu diesen Menschen haben sie biologische oder Adoptivbindungen. Sie denken an Vater, Mutter, Bruder, Schwester, Großeltern, Tanten, Onkel, Cousins und Cousinen, an diese sehr traditionelle Definition des Begriffs *Familie.*

Doch leider entpuppen sich unsere biologischen Familien oft als etwas anderes, als wir erwartet haben. Eltern sterben; Geschwister entfremden sich. Vielleicht unterscheidest du dich auch so tief greifend vom Rest deiner Familie, dass sich Verständnis für deinen Standpunkt und Mitgefühl für dich nicht entwickeln können. Daraus kann eine Situation entstehen, in der du dich einsam und verlassen fühlst. Wenn deine Ursprungsfamilie entweder fehlt oder dysfunktional ist, fühlst du dich vielleicht verloren oder leer. Sollte das auf dich zutreffen, dann lass dir von mir als jemandem, der möchte, dass du glücklich bist, dich aufgehoben fühlst und Erfüllung findest … lass dir von mir sagen, dass es gute Neuigkeiten gibt.

Nämlich diese: Es gibt noch eine andere Art Familie. Ich nenne sie die »Wahlfamilie«. Gut möglich, dass du bereits eine Wahlfamilie hast; du hast sie nur bisher nie so genannt.

Eine Wahlfamilie setzt sich aus Menschen zusammen, die in unser Leben treten, ohne dass zu ihnen eine biologische Verbindung besteht. Normalerweise sind das Leute, die wir traditionell als Freunde bezeichnen. Doch im Laufe der Zeit bedeuten sie uns mehr, weil sie in allen wichtigen Momenten bei uns sind. Sie teilen unsere Freuden und Verluste mit uns. Sie verbringen Festtage mit uns, sind aber auch da, wenn uns das Herz gebrochen wird und die Dinge schieflaufen. Manchmal sind sie ein Ersatz für unsere Ursprungsfamilie, weil diese zu weit fort ist oder wir uns von ihr entfremdet haben – oder einfach, weil wir uns von ihr nicht genug respektiert fühlen. Die Mitglieder unserer Wahlfamilie besetzen für uns die leeren Plätze. Sie lieben uns. Sie sind loyal. Sie tragen dazu bei, dass wir uns vollständig fühlen.

Wenn du dich geliebt und respektiert und umsorgt fühlst, dann fällt es dir leichter, Verbindung mit der Dschinnie in dir aufzunehmen und magische Dinge in deinem Leben zu manifestieren.

Sieh dich um. Wer in deinem Leben könnte in die Kategorie Wahlfamilie fallen? Wer ist für dich da, wenn du ihn/sie brauchst? Wem kannst du deine Geheimnisse anvertrauen? Wer liebt dich ohne Hintergedanken? Wem gefällt gerade, dass du ein bisschen *anders* bist? Nun, vielleicht sollte ich nicht davon ausgehen, dass du dich für anders hältst. Ich persönlich halte mich für anders und finde das wunderbar! Wie auch immer, ich glaube, du weißt schon, was ich meine.

Zu den besten Beispielen in Film und Fernsehen für das, was ich unter Wahlfamilie verstehe, gehören Carrie, Samantha, Charlotte und Miranda in *Sex and the City*; die gesamte Besetzung von *Friends*; die exzentrischen Wissenschaftler in *The Big Bang Theory*; die Mannschaft von *Star Trek*; und außerdem natürlich Harry Potter und die jugendlichen Zauberer aus Hogwarts. Ja, ich würde sogar die bekloppten Kollegen dazuzählen, die nach einer dreistündigen Dampferfahrt auf einer unbewohnten Insel stranden. (Aber ich fürchte, ich gebe mein Alter preis, indem ich auf *Gilligans Insel* zurückgreife, stimmt's?)

Ich bin sehr gesegnet, denn ich habe sowohl eine glückliche Ursprungsfamilie als auch eine unbeschwerte Wahlfamilie. Als ich vor gut zwanzig Jahren aus meinem Geburtsort in den Mittleren Westen der USA zog, verzichtete ich damit auf die Gelegenheit, meine Herkunftsfamilie täglich zu sehen. Ich erinnere mich genau daran, dass ich mich auf die Treppe meines neuen Zuhauses setzte und zu weinen anfing, weil ich meine Schwester nach nur drei Tagen in der neuen Stadt so sehr vermisste. Selbstverständlich standen wir regelmäßig in Kontakt, und heute gibt es ja auch viele Möglichkeiten, sich schnelle Nachrichten zu schicken, die zugleich ein Segen sind und ein Fluch, je nachdem, was sonst noch los ist. Trotzdem: Wir alle sehnen uns danach, mit geliebten Menschen physischen Kontakt zu haben. Wir wollen einander nahe sein. Und deshalb war ich schon auf der Suche nach einer Wahlfamilie, als ich den Begriff *Wahlfamilie* noch gar nicht kannte.

Als ich meinen großen Umzug verwirklichte, war ich keineswegs der Einzige, der nach Westen wollte. Der Mittlere Westen erlebte in diesen Jahren einen Boom. Es fiel mir schwer, Menschen kennenzulernen, doch wenn es mir gelang, dann immer in der Hoffnung, dass sie einen großen Bekanntenkreis mitbrachten. Die Situation war deshalb urkomisch, weil sie die gleichen Hoffnungen in Bezug auf mich hatten! Wir fühlten uns wie die Bewohner einer Stadt, in der keiner auch nur einen einzigen anderen kennt.

Schließlich lernte ich drei Typen kennen, die meine Wahlfamilie wurden. (Ich erwähnte sie bereits im vierten Kapitel – wir sind die besagte geistesverwandte dschinnie-ologische Gruppe.) Sie waren wie ich alle erst kürzlich aus den unterschiedlichsten Himmelsrichtungen in diese Gegend gezogen. Wir fingen an miteinander abzuhängen. Wir verreisten gemeinsam. Wann immer möglich, waren wir zusammen. Mit der Zeit wurde uns bewusst, was da ablief. Uns wurde bewusst, dass wir mehr waren als ein Quartett aus guten Freunden; wir waren eine *Familie.*

Diese Erkenntnis war für uns ein Meilenstein in unseren Beziehungen. Wie gesagt, manche haben das, was ein Betrachter von außen sofort als »Wahlfamilie« bezeichnen würde, und merken es nicht einmal. Und daran gibt es natürlich gar nichts auszusetzen. Doch nachdem wir uns des Bandes zwischen uns bewusst geworden waren, wollten wir es benennen, und wir nannten es *Familie.* Es war unsere Art, dem Ehre zu erweisen, was wir geschaffen hatten, und es an Ort und Stelle zu zementieren. Ab diesem Augenblick hörten wir auf, Freunde zu sein, und waren Brüder.

Seither ist unsere Familie gewachsen, wie das bei Familien so üblich ist. Alle meine Brüder sind inzwischen verheiratet. Einer von ihnen hat jetzt einen sechsjährigen Sohn. Ich habe also Wahlfamilienschwippschwiegereltern und einen Wahlfamilienneffen!

Irgendwann in dieser Zeit, als alle anfingen zu heiraten und beruflich immer stärker eingespannt waren, hatten wir Mühe, uns weiterhin regelmäßig zu sehen. Das tat uns weh, also mussten wir ein gemeinsames Mittagessen einmal im Monat einrichten. Es ist immer am gleichen Tag des Monats. Es funktioniert nicht großartig, weil meine Brüder alle beruflich erfolgreich und, wie ich, häufig auf Reisen sind. Aber wir bekommen es trotzdem wenigstens so gut hin, dass zumindest drei von uns an dem jeweiligen Termin zusammenkommen.

Ich erzähle dir das alles, damit du dir klarmachst, dass Wahlfamilien ebenso wie alle Beziehungen Einsatz und Pflege brauchen. Du hast die Menschen in deiner Wahlfamilie zwar selbst ausgewählt, aber wenn du nicht aufpasst, kann es sehr wohl geschehen, dass ihr auseinanderdriftet. Du solltest dir sogar ab und zu die Frage stellen, ob deine Wahlfamilie vielleicht gerade jetzt ein bisschen zusätzliche Aufmerksamkeit braucht.

Respekt, Wertschätzung, Freundlichkeit und Liebe sind entscheidend, gleichgültig ob deine hauptsächliche Familie eine selbst gewählte oder eine biologische ist. Wenn du Glück hast, dann klappt es mit deiner Ursprungsfamilie. Wenn sie dir aber aus irgendwelchen Gründen nicht genau das geben kann, was du brauchst und verdienst, dann – und das ist es, was dieser Abschnitt über die Lebensmagie dir sagen will – hast du weitere Optionen.

Sei echt und authentisch – immer!

Vielleicht *war* ich bei meiner Geburt Glitzern und Regenbögen. Eigentlich stelle ich mir vor, dass wir alle so geboren werden! Aber in meiner Kindheit hing eine dunkle Wolke über diesen Merkmalen. Diese dunkle Wolke hatte drei Namen: *ein verächtlicher Vater*, *eine unversöhnliche und verurteilende Kirche* und *gemeine Mitschüler*.

Als ich fünf war, sah ich nicht mehr nach oben, sondern nur noch nach unten – im wahrsten Sinne des Wortes. Wohin ich auch ging, immer starrte ich auf den Boden. Ich lächelte meine Mitmenschen nur an, wenn meine Mutter mich ausdrücklich dazu aufforderte. Schon gar nicht schaute ich irgendjemandem in die Augen. Ich erwartete nichts als missbilligende Blicke und verunglimpfende Bezeichnungen, also wendete ich mich nach innen.

Vermutlich kannst du dir den kleinen Radleigh unter der dunklen Wolke gar nicht vorstellen. Die meisten, die mich kennen oder mich bei Vorträgen hören, schockiert das, aber wir haben alle unsere Geschichten. Jeder von uns kennt Euphorie *und* Tragödie. Indem ich dir erzähle, wie ich mich vom verängstigten Kind zu einem glücklichen Glaubensanhänger des Lebens entwickelt habe, hoffte ich, dir klarzumachen, wie wichtig Selbstliebe und das Akzeptieren des eigenen authentischen Selbst sind.

Was also hat mich unter meiner dunklen Wolke hervor wieder ans Sonnenlicht geholt? Wie habe ich mein Lächeln wiedergefunden? Die Antwort auf diese Fragen hat drei Aspekte:

- die Liebe und Weisheit einer hingebungsvollen Mutter,
- das Vertrauen in das Göttliche,
- der Mut, ganz und gar ich selbst zu sein, ohne auf die Meinungen anderer Rücksicht zu nehmen.

Es bedarf nur eines kurzen Nachdenkens, um zu erkennen, dass diese drei Aspekte meine magischen Gegenmittel gegen die drei Dinge sind, die mich überhaupt erst unter die dunkle Wolke geschoben haben.

An erster Stelle half mir die Liebe und Weisheit meiner hingebungsvollen Mutter. In deinem Leben kommt diese Art Hingabe vielleicht nicht von deiner Mutter. Sie kann von deinem Vater kommen, einem Großvater, einem Bruder, einer Schwester oder auch von einem geliebten Freund oder Lehrer. Das Wichtigste ist, daran zu denken, dass es irgendwo in deinem Leben *irgendeinen* Menschen gibt, der dich liebt. Es gibt jemanden, der dich dazu bewegen will zu erkennen, wie staunenswert du bist. In meinem Fall war es meine Mutter und ja, sie war die ganze Zeit bei mir und hat versucht, mich davon zu überzeugen, dass ich ziemlich großartig bin. In meiner Kindheit ging ihre Stimme jedoch leider weitgehend im Geschrei der anderen unter. Außerdem fiel es mir als Kind leicht, die Meinung meiner Mutter als nicht objektiv abzutun. Schließlich war ich ja ihr Kind.

Doch mit der Zeit, als ich älter wurde, erwies es sich, dass diese Botschaften meiner Mutter wie Samen waren, die sie tief in mein Herz eingepflanzt hatte. Sie schlummerten dort, bis ich bereit war, ins Sonnenlicht zu treten. Und dann wuchsen ihre weisen Worte, verwurzelten sich und erblühten zu Affirmationen, die ich in meine Identität einfügen konnte. Die negativen Äußerungen anderer Menschen schienen mir unbedeutend und belanglos im Vergleich zu ihren Worten der Liebe und der Anteilnahme.

Nimm meine Botschaft in dein Herz: Das Leben ist Magie. Liebe und Mitgefühl werden gegenüber Belanglosigkeit und Unfreundlichkeit immer den Sieg davontragen. Es mag ein wenig dauern, aber die Liebe wird immer gewinnen.

Als Zweites möchte ich mein tiefes Vertrauen in das Göttliche ansprechen. Meine Angst vor einem verurteilenden, wütenden Gott im Rahmen der Religion, die ich als Kind erlebte, führte letztlich zu einem höchst magischen, erstaunlichen und wunderschönen Ergebnis. Sie trieb mich kopfüber in die Arme eines liebenden, verehrenden und erhebenden Gottes im Rahmen meiner eigenen persönlichen Spiritualität!

Wie ein verirrtes kleines Kind machte ich mich auf die Suche, und siehe da, auf mich wartete reine und bedingungslose Liebe. Das Göttliche konnte es kaum erwarten, mich aufzuheben, mich in seinen Armen zu bergen und mir die Regenbögen zu zeigen, die hinter den zerreißenden Wolken zum Vorschein kamen. Und die Sonne schien mir ins Gesicht. Das Universum liebte mich jenseits aller Vernunft. Und mein Wissen um diese Zusammenhänge ließ mich von innen heraus strahlen. Wie hätte ich denn weiter auf den Boden sehen können, wo es doch rings um mich her so viel Schönheit gab, die von oben auf mich herabstrahlte?

Und das Dritte: Nachdem ich begriff, welche Orientierung meine Mutter mir eingeflößt hatte, und darauf vertraute, dass der Himmel mich liebt, war es nicht mehr sehr schwer, mich von der Meinung meiner Mitmenschen über mich frei zu machen. Ich hörte auf, mich zu verstecken. Ich wurde mehr und mehr zu dem Menschen, der ich *tatsächlich* war. Ich lächelte jeden an. Wenn mir ein Kompliment einfiel, das ich einem Unbekannten machen konnte, dann machte ich es. Ich lieferte meine Anzüge in der Kleiderkammer ab und kaufte mir Kleidung, die glitzert. Ich fing an, das Glitzern, das ich im Inneren spürte, außen an meiner Kleidung zu tragen, und so tauschte ich meine langweiligen Schuhe gegen solche, die mit Swarovski-Kristallen besetzt waren.

Und dann veränderte sich *alles* für mich: Ich entdeckte die Dschinnie in mir. Ich erkannte, dass ausgerechnet das, was ich als Kind in mir hatte verschließen müssen, im Sonnenlicht reine Magie bewirkte. Rückblickend weiß ich, dass ich mich immer der Magie bediente, aber ich tat es, um in einem Leben zu verharren, das ich nicht wollte. Als ich anfing, mich selbst wirklich zu lieben, wirklich authentisch war und meiner göttlichen Führung vertraute, konnte ich die Geschäftswelt der Buchhaltung hinter mir lassen und meinen Traum wahr machen, ein spiritueller Lehrer und Autor zu sein.

Nichts davon ist dir verschlossen. Du kannst dich umsehen und den Menschen finden, der dich liebt und deine Selbstliebe fördern will. Du kannst dich dazu bringen, auf diesen Menschen zu hören, und die Wahrheit seiner Botschaft akzeptieren. Du kannst dein Herz für die Liebe des Göttlichen öffnen und dein Vertrauen in sein unendliches und unstillbares Verlangen danach setzen, dich glücklich zu sehen. Du kannst die Unfreundlichkeit und die Verurteilung der anderen dafür ignorieren, dass du mehr und mehr du selbst wirst.

Der Mensch sein, der zu sein du geboren wurdest. Der Mensch, den die Welt braucht. Der Mensch, der dich direkt zu deinem gesegneten und göttlichen Lebenssinn führen kann.

Keine Zeitreise

Hast du dich schon mal bei dem Gedanken erwischt: »Ich wünschte, ich könnte in der Zeit zurückgehen und diese *eine* Geschichte anders enden lassen. Alles, aber auch alles würde sich dadurch verändern?«

Vielleicht. Lange Zeit wünschte ich mir, in der Zeit zurückgehen und nachträglich etwas von dem verändern zu können, was mich als Kind und junger Erwachsener unter eine dunkle Wolke verfrachtet und so unglücklich gemacht hatte. Aber bei Zeitreisen weiß man eben nie, was sich in die Zukunft hinein wie auswirken wird. Denn um ehrlich zu sein, jeder der Aspekte, die ich im letzten Abschnitt aufgezählt habe, und noch viele mehr haben mich zu dem Menschen gemacht, der ich heute bin. Und ganz genau der, der ich heute bin, will ich sein!

Ich fange jetzt genau das mit meinem Leben an, was ich damit anfangen will. Es stimmt, es gibt noch anderes, was ich mir gegenwärtig für mein Leben wünsche und was sich noch nicht manifestiert hat, aber ich erhalte Hinweise dafür, dass es auf dem Weg zu mir ist. Wenn ich in der Zeit zurückgehen und dies und das ändern könnte, dann würde ich vielleicht ausgerechnet etwas von dem verändern, was mein Leben jetzt mit Freude und Magie erfüllt.

Nein danke!

Wenn du es so machen willst wie ich, dann vertraust du darauf, dass die herausfordernden Erfahrungen der Vergangenheit vom Himmel auf eine ganz bestimmte Weise angelegt sind. Nämlich so, dass sie Voraussetzungen schaffen, die es dir gestatten, dein Leben so zu gestalten, wie du es jetzt haben willst. Heute! Betrachte zurückliegende Schwierigkeiten als metaphorische Ausflüge ins Fitnesszentrum, die dich stärker und fähiger gemacht haben, um deine Träume zu verwirklichen.

Schaffe dir ein magisches Umfeld

Sobald du wirklich damit beginnst Magie einen Platz in deinem Leben zu geben, zeigt dir das Leben erstaunliche neue Wege, um es noch magischer zu gestalten. Im Laufe der Jahre habe ich Feng Shui als wichtigen Beitrag zur Ermächtigung der Dschinnie in meinem Inneren und zur Manifestierung meiner Herzenswünsche kennengelernt.

Lange Zeit war ich nicht besonders bewandert in dieser alten Kunst, doch 2007 zog ich in ein neues Zuhause. In dieser Siedlung befanden sich die Garagen der einen Häuserreihe gegenüber den Garagen einer anderen. Und ganz so, wie Dschinnies es auf eine magisch synchronisierte Weise oft erfahren, lag meine Garage gegenüber der einer Feng-Shui-Expertin namens Tanya Jahnke.

Falls du mit Feng-Shui nicht vertraut bist: In dieser Lehre geht es darum, dein Zuhause, deinen Arbeitsplatz oder einen beliebigen anderen Raum in eine energetisch harmonische Umgebung zu verwandeln. Feng-Shui betrachtet dein Zuhause als direktes Spiegelbild deines Lebens. Wenn du also Veränderungen in deinem Zuhause und in deiner Umgebung vornimmst, dann will Feng-Shui Gleichgewicht und Harmonie in deinem Inneren herstellen.

Feng-Shui zu praktizieren ist ein bisschen so, als ließe man die Energie aus der Wunderlampe, damit sie dir helfen kann, Magie zu bewirken. Indem eine Expertin wie Tanya dein Zuhause durch die Brille des Feng-Shui betrachtet, kann sie dir helfen, Blockaden, Muster und Symbole zu identifizieren, die dich in der Vergangenheit festhalten, und einen Raum zu schaffen, der dein authentisches Ich widerspiegelt.

Manche Menschen haben die falsche Vorstellung, dass es im Feng-Shui nur darum geht, dein Zuhause zu entrümpeln, die Farben deiner Wände zu verändern und Möbel zu verrücken. Tatsächlich aber geht es um sehr viel mehr! Feng-Shui ist eine viertausend Jahre alte Kunst, die in eigentlich jeder Kultur auf die eine oder andere Weise vorkommt.

Feng-Shui kann außerdem ein äußerst mächtiges Hilfsmittel in deinem Werkzeugkasten zur Manifestation deines Genius sein. Betrachte es als eine 3D-Traumkollage für dein Leben, die Gelegenheiten schaffen, Fülle vergrößern, Liebe anziehen, Gesundheit verbessern, Freude steigern und auf jeder Ebene unendlichen Segen manifestieren kann.

Als ich in meinem Zuhause erstmals die Prinzipien des Feng-Shui zur Anwendung brachte, war das Ergebnis einfach wunderbar! Plötzlich stellten sich massenweise unerwartete Glücksfälle und berufliche Gelegenheiten ein, von denen ich mir nicht hatte vorstellen können, dass sie sich mir in so großer Zahl bieten würden.

Meine Intuition ist wie gesagt sehr gut, und ich kann hellwissen und ein bisschen hellhören, aber nicht hellsehen. Aber wenn Tanya kommt, um unser Haus zu »entrümpeln«, dann *sehe* ich die Energie im Haus förmlich schimmern. Außerdem fühlt es sich so an, als sei es mit göttlichem Licht angefüllt.

Tanya erklärt mir ihre Philosophie: »Feng-Shui gestattet es dir, die Energie in deinem Zuhause und in deinem Leben in Bewegung zu bringen, Blockaden und einschränkende Überzeugungen aufzulösen, Ergebnisse zu transformieren und eine unendliche Vielzahl von Möglichkeiten und Gelegenheiten zu schaffen. So kannst du deinen Lebensweg deinen Intentionen gemäß wählen und Feng-Shui als wirkungsvolles Hilfsmittel nutzen, um jeden Bereich deines Lebens positiv zu beeinflussen. Betrachte dein Zuhause aus dem Blickwinkel des Feng-Shui. Welche Geschichte erzählt dein Haus? Welche Eindrücke hätte ein Unbekannter, wenn er dein Haus zum ersten Mal beträte? Sind deine Leidenschaften,

Träume, positiven Erinnerungen und Abenteuer sichtbar? Bewahrst du Gegenstände auf, die du nicht liebst, nutzt oder brauchst? Erfülle dein Heim mit Gedächtnisstützen an dein wahres Selbst, und schaffe Raum, damit das Leben deiner Träume Fuß fassen kann.«

Ich betrachte es als äußerst wichtigen Teil eines magischen Lebens, dass das Umfeld, in dem du dich überwiegend aufhältst, energetisch die Träume spiegelt, die du zu manifestieren versuchst. Feng-Shui gelingt das, indem es Frieden und Harmonie in deinen Lebensraum bringt und deshalb dein Leben magischer macht. Am Ende dieses Kapitels werde ich dir ein paar Methoden nennen, mit denen du mehr Fülle und Möglichkeiten in dein Leben holen kannst. Bei mir haben sie funktioniert ... wie Zauberei!

Willkürliche magische Dienste

Ein alter Spruch besagt: »Tu Gutes, und es kommt zu dir zurück.« Ich kann diesem Satz nur zustimmen. Es kann so leicht sein, das Leben eines Menschen mit einer einfachen Freundlichkeit auf den Kopf zu stellen! Jemand, der sich gerade in einer Abwärtsspirale negativen Denkens oder negativer Gefühle befindet, sieht diese Dynamik plötzlich zum Stillstand gebracht oder sogar umgekehrt, wenn du eine magische gute Tat für diese Person tust. Ich bezeichne solche Taten als »willkürliche magische Dienste«.

Wenn es darum geht, magische Dienste zu tun, dann folge ich meiner Intuition. Möglicherweise berührt mich die Geschichte von jemandem, der nach meiner Radiosendung bei mir anruft, und ich werde aktiv. Manchmal höre ich sogar meine Engel, die sagen: »Hilf dieser Person!«

Die Hilfe kann geschehen in Form eines Geschenks, das ich dieser Person sende, oder indem ich sie in meine Fürbittenliste aufnehme. Ich habe immer ein paar Fünfdollarscheine in meinem Auto deponiert, um sie Bedürftigen zu geben, wenn meine Engel mich dazu auffordern. Beispielsweise habe ich schon Menschen ausgeholfen, die in der Schlange an der Kasse vor mir standen und deren Geld nicht reichte, um ihren Einkauf zu bezahlen.

Ob du nun jemandem mit Geld hilfst oder deine Zeit in ein gemeinnütziges Projekt investierst: Du zeigst dem Universum (und dir selbst) dein Vertrauen darauf, dass es mehr als genug Magie für jeden gibt und dass auch für *dich* genug da ist, wenn du sie brauchst.

Schließe Freundschaft mit deinem Körper

Wir werden unablässig bombardiert mit unerreichbaren (oder zumindest unvernünftigen) Bildern von männlicher und weiblicher Schönheit. Auch das ist wieder einer der Fälle, bei denen Vergleiche in eine Falle führen.

Dein Körper kümmert sich ständig um dich. Deine wunderschöne, magische Seele lässt sich von deinem physischen Selbst umherschleppen, und dein Körper verdient deshalb deine Dankbarkeit und deine Liebe. Geh freundlich mit ihm um, wenn du in den Spiegel blickst und wenn du die Nahrung und Substanzen auswählst, die du ihm gibst.

»Abkürzungen zum Glück« wie Zucker, Alkohol und Drogen sind in der Mehrzahl der Fälle Sackgassen. Mir geht es hier nicht darum, dir zu sagen, welche Nahrungsmittel gesund, akzeptabel oder schädlich für deine Gesundheit sind. Meiner Meinung nach ist das eine persönliche Angelegenheit, die jeder Mensch für sich entscheiden muss. Ich zum Beispiel finde, dass *Girl-Scout-Thin-Mint*-Plätzchen eine Substanz sind, die nur kontrolliert, mit Rezept und nachfolgender psychologischer Betreuung abgegeben werden sollte – so sehr liebe ich sie, trotz der Minze! Ich weiß, dass ich nicht zu viele Packungen davon im Haus haben darf, denn ich würde mich damit vollstopfen.

Dein Körper teilt dir mit, was gut und was nicht gut für dich ist. Deine Intuition wird dich richtig führen. Genau jetzt und genau hier *weißt* du tief in deinem Herzen, welche Bereiche deiner Gesundheit deiner Zuwendung bedürfen und auf welche Weise. Die Aufgabe könnte lauten: »Verschaff dir mehr Bewegung«, aber auch: »Werde Veganer«.

Denke daran: Das Göttliche will nicht gemein zu dir sein, indem es dich ermuntert, Sport zu treiben oder bestimmte Dinge aus deiner Ernährung zu streichen. Es will lediglich erreichen, dass du der energetische Partner deiner Träume bist, damit du Zugang zu deiner eigenen Magie findest und sie mit ganzer Kraft einsetzt, um deine Wünsche zu verwirklichen.

Schließe Freundschaft mit deinem Körper. Schenk ihm die Fürsorge und das Mitgefühl, die er verdient, und er wird dein Freund sein.

Und dann ist da noch dieser Kleinkram

Nachfolgend habe ich noch ein paar magische Strategien für dich, die (das verspreche ich dir), dein Leben glücklicher, erfüllter und natürlich … magischer machen!

- **Entscheide dich für Fokussierung statt für Besessenheit.** Zwischen den beiden gibt es einen großen Unterschied. Fokussierung ist erhebend und hoffnungsvoll. Besessenheit ist besorgniserregend und beängstigend und führt ins Unglück.
- **Lass dir das Leben nicht aus Ungeduld entgehen.** Es ist so ähnlich, wie wenn man die Zeit wegwünscht. Wenn deine Aufmerksamkeit ständig auf das gerichtet ist, was kommt, dann bist du nicht im »Jetzt«, und dir entgeht viel potenzielles Glück.
- **Sei furchtlos.** Hör nie auf, Risiken einzugehen. Hab den Mut zu Vertrauensvorschüssen. Beides macht dein Leben magischer.
- **Wünsche anderen nie etwas Schlimmes an den Hals.** Du kannst es mir glauben, der alte Spruch »Was man sät, das wird man ernten« ist wahr. Einem anderen Unglück oder Pech zu wünschen setzt eine Magie in Gang, die zum Schluss dir die Herausforderungen beschert. Also lass die Finger davon.
- **Tu niemals etwas, was du selbst als »falsch« empfindest.** Vielleicht empfindest du etwas als »schlechte Idee«, oder es fühlt sich für dich persönlich einfach falsch an. Wenn deine innere Führung sagt: »Nein, tu das nicht!«, dann hör auf sie. Was auch immer es ist, es wird nicht gut

gehen, und du steckst dich nur zurück in das Gefängnis der Wunderlampe. Und das willst du nicht.

- **Mach Ehrfurcht und Staunen zu einem festen Bestandteil deines Lebens.** Höre niemals auf, dich darüber zu wundern, wie schön die Welt ist. Suche so oft wie möglich Orte auf, die dich beglücken, und tu alles, was du kannst, um den Ort, an dem du dich überwiegend aufhältst, zu einem beglückenden Ort zu machen.
- **Gestatte es anderen, dich so zu lieben, wie sie es können.** Nicht jeder vermag so intensiv zu lieben wie du, und auch du vermagst nicht so intensiv zu lieben wie jeder andere Mensch auf dem Planeten. Akzeptiere das Mögliche, und gib, so viel du kannst. Am Ende ist alles im Gleichgewicht.

Die Dschinnie-Akademie

Lektion 11: Goldklumpen-Heilmittel für Fülle

Zu den Wünschen, die unsere Dschinnie am liebsten gewährt, gehört der nach einem reichen und erfüllten Leben. Im Feng-Shui ist ein »Heilmittel« im Wesentlichen eine magische Methode zur Schaffung der energetischen Voraussetzung, um das anzuziehen, was du in dein Leben holen willst. Ich selbst habe dieses Heilmittel mit erstaunlichem Ergebnis bei mir zu Hause ausprobiert. Symbolisch erschaffst du damit einen ganzen Berg Reichtum.

Erst einmal brauchst du acht Flusskiesel (acht ist die Zahl der Fülle). Du musst sie nicht selbst aus dem Fluss holen, aber sie sollten glatt und rund sein, ohne scharfe Ecken und Kanten. Außerdem brauchst du eine Spraydose mit Goldfarbe, denn das ist natürlich die Farbe des Reichtums. Wähle lieber ein strahlendes, metallisches Gold als eine matte Schattierung.

Besprühe die acht Flusskiesel gleichmäßig mit der Goldfarbe. Sobald sie trocken sind, stapelst du sie rechter Hand deiner Eingangstür auf (rechter Hand, wenn du vor deinem Haus stehst). Leg die größeren Steine nach unten, und errichte einen symbolischen Berg des Reichtums. Während du das tust, besinne dich auf deine Intention, Reichtum zu schaffen, oder mach eine laut ausgesprochene Aussage zum Thema Fülle.

Feng-Shui ist sehr darauf angewiesen, dass alles sauber und ordentlich ist. Es ist wichtig, dass du regelmäßig nach deinen »Goldklumpen« siehst, damit sie nicht etwa von Spinnweben bedeckt oder staubig sind. Ich hole sie meist ins Haus, um sie zu waschen, und dann fege ich gründlich den Eingangsbereich, damit alles so sauber wie möglich ist. Danach staple ich meine Steine mit der Intention neu auf, für den nächsten großen Zufluss von Fülle Platz zu schaffen.

Lektion 12: Das Neun-rote-Kerzen-Heilmittel für Ansehen

Dieses Heilmittel richtet sich ebenfalls auf dein Gedeihen, aber vor allem zieht es Segnungen wie Jobangebote, Gelegenheiten für berufliche Unterstützung etwa durch Radio- oder Zeitschriften-Interviews, gesteigertes Selbstvertrauen und vielleicht einen neuen Buchvertrag an. Es kann für alles Verwendung finden, wobei du gerade Beachtung brauchst, um deine Träume zu verwirklichen.

Du brauchst neun rote Kerzen. Um welchen Rotton und welche Form oder Größe es sich handelt, spielt keine Rolle. Richte die neun Kerzen im Ruhm-&-Renommee-Bereich

deines Büros ein – er befindet sich gewöhnlich im hinteren Mittelbereich deines Büros.

Zünde alle Kerzen an. Wenn du damit fertig bist, dann visualisiere dein gewünschtes Ergebnis oder einfach nur, wie dein Selbstwertgefühl und dein Renommee angestrahlt werden. Dann blase jede Kerze einzeln aus.

Du kannst dieses Heilmittel immer dann zur Anwendung bringen, wenn du Ansporn brauchst. Falls dein Ziel deine bessere Sichtbarkeit, Anerkennung oder die Verbesserung deines Selbstvertrauens beinhaltet, dann wiederhole den geschilderten Ablauf neun Tage nacheinander.

Lektion 13: Setz deine eigene Bewegung für willkürliche magische Dienste in Gang

Lass den Himmel oder deine Engel während deines nächsten Gebets oder deiner nächsten Meditation wissen, dass du gerne eine Gelegenheit hättest, um jemandem einen willkürlichen magischen Dienst zu tun. Schärfe dann für den Rest des Tages deine Wahrnehmung, damit du bemerkst, wenn sich eine solche Gelegenheit einstellt. Gelegenheiten, um jemandem einen Dienst zu erweisen, werden sich links und rechts von dir zeigen, doch du musst wach bleiben, um sie wahrzunehmen. Halte in deinem Tagebuch oder auf einem Blatt Papier fest, welche Dienste du anderen getan hast.

Du wirst schnell feststellen, dass andere Menschen dich mit zahllosen Gelegenheiten für willkürliche magische Dienste versorgen. Je mehr Magie du anderen zukommen lässt, desto mehr Magie schickt der Himmel zu dir zurück. Schließlich will er dich belohnen.

Lektion 14: Interview mit deinem Körper

Für diese Übung brachst du Papier und Stift.

Sorge dafür, dass du ein Zeitfenster findest, in dem du nicht gestört wirst. Ich mache diese Meditation besonders gerne dann, wenn ich meinem Körper gerade etwas Gutes tue. Falls du die Möglichkeit dazu hast, dann verwandle diese Übung in eine Zeit der Dankbarkeit für deinen Körper, zünde ein paar Kerzen an, und mach es dir in der heißen Badewanne bequem. Natürlich kannst du in deiner Duftlampe auch noch deinen Lieblingsduft verdampfen oder ein spezielles Parfüm versprühen. Vergiss nicht, dass du all das für deinen *Körper* veranstaltest.

Sobald du dich in deiner Meditation oder in deiner Wanne eingerichtet hast, geh in dich und frage: »Lieber Körper, was könnte ich für dich tun, um dich wirklich gut zu unterstützen?«

Dann frage: »Lieber Körper, welche Veränderungen in meiner Ernährung oder in meinem Tagesablauf wünschst du dir von mir?«

Schreib die Antworten auf, die in dir hochsteigen. Versuch auf jegliche Zensur dessen, was du aufschreibst, zu verzichten. Nimm die Worte einfach so, wie sie kommen. Führe das Gespräch mit deinem Körper fort, bis du das Gefühl hast, dass die Übung beendet ist oder du deinen Körper »Danke!« sagen hörst.

8

Diese nervigen anderen Dschinnies

Hier eine Nachrichtenschlagzeile für dich: Du bist nicht die einzige Dschinnie, die herumläuft und Magie treibt. *Jeder* hat einen dienstbaren guten Geist im Inneren. Um ein wahrhaft magisches Leben zu führen, musst du herausfinden, wann die Zusammenarbeit mit anderen Dschinnies gut und wann sie schlecht für dich ist.

Je mehr sich deine Energie hin zum Positiven und Spirituellen verschiebt, desto mehr werden sich magische Leute zu dir hingezogen fühlen. Auf der anderen Seite steht natürlich – und das hast du bestimmt schon durchschaut –, dass du dich mit manchen, die schon eine lange Wegstrecke mit dir gemeinsam zurückgelegt haben, nicht mehr wohlfühlst. Ja, während das Leuchten in deine Augen zurückkehrt, siehst du mit einem Mal vielleicht klar und deutlich, dass du Menschen mit einer negativen Grundeinstellung nicht mehr ertragen kannst.

Wie ich in dem Dschinnie-ologie-Abschnitt im vierten Kapitel bereits erwähnt habe, kann die Zusammenarbeit mit anderen Dschinnies in kleinen Gruppen äußerst fruchtbar sein. Falls du dich entschließt, mit anderen in einer Partnerschaft zusammenzuarbeiten, dann gibt es ein paar Dinge, die du dabei beachten solltest.

Vielfalt ist vorzüglich

»Partnerschaft« ist ein äußerst breiter Begriff, der alles bedeuten kann, angefangen bei einer intimen Liebesbeziehung bis hin zu etwas so ohne jeden emotionalen Kitt, zum Beispiel eine berufliche Beziehung zwischen Auftraggeber und Auftragnehmer. Dennoch trägt jede Verbindung mit anderen Menschen das Potenzial in sich, starken Einfluss auf uns zu nehmen, vor allem im Laufe der Zeit.

Als ich noch als amtlich zugelassener Buchhalter arbeitete, war mein Team der Teil meiner Arbeit, der mir am besten gefiel. Ich weiß schon, wenn die Leute das Wort »Buchhalter« hören, dann denken sie: »Ach ja, der Typ, der Steuererklärungen macht«, doch in Wahrheit ist der Beruf deutlich vielschichtiger. Im Verlauf meiner Buchhalterkarriere habe ich so gut wie alle Positionen durchprobiert. Doch im Laufe der Zeit entwickelte sich das Personalmanagement zum Hauptaspekt meiner Arbeit. Ich hatte sehr viele Mitarbeiter, für die ich zuständig war, und machte meinen Job sehr gut. Am besten war ich darin, die richtigen Leute einzustellen.

Natürlich war ich gewissermaßen im Vorteil, wenn es darum ging, die richtigen Leute auszusuchen. Schließlich bin ich übersinnlich begabt! Also wusste ich, wer gut mit anderen zusammenarbeiten würde und wer nicht. Es kamen sogar andere Abteilungsleiter zu mir, um mich eigens dafür zu bezahlen, dass ich die Einstellungsgespräche für sie führte! Ein großes Geheimnis hatte ich jedoch nicht. Der Schlüssel zu einem guten Team ist meiner Ansicht nach die Vielfalt.

Ich liebe Vielfalt. Ob bei der Arbeit oder im Privatleben, für mich ist das Mischen von unterschiedlichsten Menschen vergleichbar mit dem Herstellen eines Zaubertranks, bei dem ich nur die allerbesten Zutaten verwende. Mir gefällt nichts besser, als eine Gruppe unterschiedlichster, in verschiedensten Bereichen begabter Personen in einem Team zusammenzustellen und zu beobachten, was sie zustande bringen. Das Ergebnis ist immer unendlich viel besser, als wenn es sich um ein homogenes Team handelt mit gleicher Ausbildung und ähnlicher Erfahrung. Glaub mir!

Also bin ich natürlich davon überzeugt, dass eine vielversprechende Dschinnie-Partnerschaft wahrscheinlich ist, wenn du dich mit anderen zusammentust, die sich möglichst von dir unterscheiden. Selbstverständlich ist es wichtig, gemeinsame Ziele und ähnliche ethische Vorstellungen zu haben. Aber stell dir nur mal vor, was man erreichen kann, wenn die eine Person unglaublich intelligent und erfahren ist, eine zweite vor Kreativität und innovativen Ideen nur so übersprudelt und eine dritte aus einer abgelegenen geografischen Region kommt und deshalb eine einzigartige Weltsicht hat … das Ergebnis kann erstaunlich sein!

Deine Wirklichkeit ist nicht die einzige!

Eine erfolgreiche Zusammenarbeit mit anderen Dschinnies ist außerdem nur mit einem aufgeschlossenen Geist möglich. Es ist zutiefst menschlich, sich vorzustellen, dass die Welt von allen anderen genauso gesehen und interpretiert wird wie von dir, aber ich will dir die Wahrheit sagen: *Das trifft einfach nicht zu!*

Leider ist die Überzeugung, dass es nur eine »richtige« Weltsicht gibt, die Hauptursache für Kriege, Uneinigkeit und Konflikte zwischen den Menschen. Halte einen Moment inne, und denk darüber nach. Du bist genauso einzigartig wie eine Schneeflocke. Es gibt einfach keinen anderen Menschen, der so ist wie du. Wie auch? Schließlich hat niemand sonst deine Gene oder wuchs mit deiner Familiendynamik auf. Keiner hat genau dieselben Erfahrungen in der Kindheit, in der Schule und im Arbeitsleben gemacht. Niemand hat genau dieselben Menschen kennengelernt, ist mit ihnen in Beziehung getreten oder wurde auf die gleiche Weise von ihnen beeinflusst wie du. Du siehst die Welt auf deine eigene einzigartige Weise.

Die Gesellschaft vergisst gerne, dass das, was für die eine Gruppe von Menschen vollkommen logisch und offensichtlich ist, für eine andere lächerlich, verrückt oder vollkommen unhaltbar sein kann. Es ist durchaus natürlich und gut für dich, dass du dir deine eigenen Gedanken zu einem Thema machst und dir eine Meinung bildest. Doch wenn du offen bleibst und dir bewusst machst, dass andere die Dinge möglicherweise anders sehen, und das aus vollkommen legitimen

Gründen, dann ersparst du dir einen Haufen Sorgen und Konflikte mit anderen Dschinnies.

Zur Dschinnie eines anderen werden

Im Verlauf der letzten Jahre habe ich eine Menge dazugelernt. Zum Beispiel habe ich herausgefunden, dass zusammengerollte Socken in einem Koffer weniger Platz brauchen als zusammengelegte. Ich weiß nicht, warum das so ist, aber es scheint wahr zu sein. Ich habe außerdem festgestellt, dass »langweilige« Kleidungsstücke dir auf einer Reise von einem Land zum nächsten wohlgesinnt sind, weil du sie beliebig kombinieren kannst. Und schließlich weiß ich inzwischen, dass ich kein magisches Leben führen kann, wenn die Mehrheit meiner Beziehungen mit Menschen zu tun hat, die gerade in ihren Dramen untergehen. Die zuletzt genannte Erkenntnis war ein entscheidendes Lehrstück für mich – und eine große Herausforderung! Um es kurz zu sagen: Bis zu diesem Punkt betrachtete ich es geradezu als meine Lebensphilosophie, meine Energie an andere abzutreten.

Eines habe ich im Leben gelernt: Leute vom gleichen Schlag fühlen sich wirklich zueinander hingezogen. Da du mein Buch liest, musst du auf bestimmte Weise entweder sein wie ich, oder du hast Gründe, dir meine Botschaft anhören zu wollen. Oder beides.

Wir wollen herausfinden, ob ich recht habe. Ich werde *dich* jetzt hier beschreiben. (Tatsächlich beschreibe ich natürlich mein altes Ich, aber ich gehe jede Wette ein, dass es dir sehr bekannt vorkommen wird.) Also:

- Du bist äußerst konfliktscheu. Du stimmst allen möglichen Dingen zu, hinter denen du nicht stehst, nur um den anderen nicht zu ärgern oder um ein unangenehmes oder konfrontatives Gespräch zu vermeiden.
- Du bist ein Kümmerer. Du kümmerst dich immer erst um die Bedürfnisse der anderen in deinem Umfeld, bevor du dich mit deinen eigenen beschäftigst (also kommst du selten mit ihnen in Berührung). Das geschieht zum Teil, weil du willst, dass alle zufrieden sind, aber auch, weil es einfach in deiner Natur liegt, für andere zu sorgen. Du bist sogar dazu bereit, dich selbst aufzugeben, wenn die Menschen, die du liebst, das brauchen.
- Du hast viele Menschen in deinem Leben, die Nehmer sind und nicht im gleichen Maß zurückgeben. Nehmer sammeln außerdem sehr viel Drama in ihrem Leben an. Ich weiß nicht, warum, aber das eine scheint mit dem anderen fest verbunden. Deshalb verfängst du dich immer wieder im Wirbelwind ihrer Dramen und bist in Gegenwart dieser Menschen ängstlich und nervös. Dennoch erträgst du sie, weil du sie liebst oder weil du die Auseinandersetzung mit ihnen scheust, zu der es kommen würde, wenn du dich entziehen würdest.

Und, wie war ich? Kommt dir das alles irgendwie bekannt vor? Wenn du innehalten und dir wirklich die Zeit nehmen würdest, um deine Beziehungen zu analysieren, dann würdest du vielleicht entdecken, dass etliche von ihnen dich unglücklich machen oder dir gelegentlich Angst verursachen oder dich in einem Zustand ständiger Besorgnis oder Unruhe halten. Merkwürdig finde ich, dass einige dieser unglücklichen Allianzen tatsächlich schon recht lange bestehen. Ein Mensch hat vielleicht seit mehr als einem Jahrzehnt einen Platz in deinem Leben, und du hältst an der Beziehung fest, weil du entweder zu weichherzig bist, um das anstehende Drama zu ertragen, wenn du das Arrangement beendest. (Oder vielleicht hat diese Person einfach immer noch einen Stein bei dir im Brett.)

Glaub mir, ich weiß, wie schwer das ist. Ich habe meine eigenen Erfahrungen damit gemacht, wie es ist, solche Beziehungen aus meinem Leben zu entfernen, und der Himmel weiß, wie hart mich das ankommt. Ein solcher Schritt kann eine große, große Herausforderung darstellen. Aber ich will dir etwas sagen: Eine Beziehung, die dich unglücklich macht, darf nicht fortbestehen. Du sollst ein freier und froher Mensch sein. Diejenigen, die dich wertschätzen und Freude in dein Leben tragen – die sind es, an denen du festhalten und die du mit deiner Dschinnie-Magie überschütten solltest. Wenn eine Beziehung dafür sorgt, dass du dich gefangen und entwertet fühlst, dann solltest du darüber nachdenken, in eine neue Richtung vorzustoßen. Und dein Weg sollte dich so weit wie möglich von emotionaler Gefangenschaft und einem Ungleichgewicht im Geben und Nehmen fortführen.

Falls du dich in einem Haufen melodramatischer Beziehungen mit Menschen verfangen hast, die nur nehmen, aber nichts geben, dann wirst du zu *ihrem* Dschinnie, zu ihrem dienstbaren guten Geist. Du setzt deine Magie ein, um sie und nicht um dich glücklich zu machen. Wenn Geben und Nehmen im Gleichgewicht sind, dann ist alles gut. Teilt eure Magie. Aber wenn du bei jedem Zusammensein mit ihnen das Gefühl hast, energetisch ausgesaugt zu werden, dann bist du metaphorisch praktisch in deine Wunderlampe zurückgesteckt worden, und sie sind deine Meister.

Ich bezeichne solche Leute als »Drama-Meister«. Sie haben deine Wunderlampe unter ihre Kontrolle gebracht, und so können sie dein Leben mit Dramen aller Art überschwemmen, mit denen du dich sonst nicht herumplagen müsstest.

Aber wie kann man sich aus dieser Situation befreien? Ja, das ist der schwierige Teil. Wie befreist du dich von den schmerzhaften Einflüssen und der Gefangenschaft eines Menschen, von dem du tief in deinem Innersten *weißt*, dass er dir nicht guttut?

Befreiung

Vor ein paar Jahren fing ich an, Beziehungen anders wahrzunehmen. Ich weiß nicht genau, welche Gründe es dafür gab, aber ich glaube fast, ich war einfach erschöpft. Ich war es leid, zu jedem Ja zu sagen, wenn ich doch eigentlich Nein meinte. Mir wurden die Dramen in meinem Leben zu viel. Doch am meisten, glaube ich, hatte ich es satt, nicht mein authentisches, einzigartiges, schrulliges Selbst zu sein. Ich wollte mich nicht mehr zurechtschneiden, damit ich in den jeweiligen Anzug passte, der zufällig gerade vor meiner Nase hing. Ich wollte einfach ich selbst sein.

Das brachte mich in eine Zwickmühle. Ich will dir etwas Wichtiges sagen, das du unbedingt wissen musst: *Die Leute mögen es nicht, wenn du dich veränderst.* Nein, ich muss die Aussage einschränken, denn deinen *echten* Freunden macht es nichts aus. Auch ein wirklich liebevoller und erhebender Partner kommt mit Veränderung zurecht. Doch, was ist mit den Drama-Meistern, auf die du dein Leben zugeschnitten hast? Sie regen sich richtig auf, wenn du aufhörst, jede ihrer Launen zu bedienen. Wenn du nicht mehr der bist, der du nach *ihrer* Auffassung sein solltest, sondern einfach du selbst, dann mögen sie das überhaupt nicht. Sie erwarten, dass der dienstbare Geist in der Wunderlampe ihnen weiterhin zur Verfügung steht.

Um mich also wirklich aus meinem Kokon zu befreien, um wirklich fliegen zu können, musste ich mit diesen Leuten fertig werden. Und in den meisten Fällen bedeutete das Auseinandersetzungen. Fast immer lief es darauf hinaus, diese Menschen aus meinem Leben zu verabschieden. Ich musste lernen, dann Nein zu sagen, wenn das für mich das Richtige war.

Wirklich schwierig war es jedoch, weil ich manche Leute, obwohl sie zur Melodramatik neigten, vielleicht trotzdem mochte oder sogar liebte. Sie können außergewöhnliche Menschen sein. Nur leider sind sie eben auch ... *anstrengend.* Sie verschleißen deine gesamte Magie und geben selten so viel zurück, wie sie nehmen.

Nachdem ich erst einmal beschlossen hatte, mich von den Drama-Meistern zu befreien, hielt ich keine bestimmte Reihenfolge ein. Ich setzte keinen irgendwie kontrollierten Prozess in Gang und sortierte mich nicht auf irgendeine organisierte Weise durch meinen Bekannten- und Freundeskreis. Ich war mir der Tatsache bewusst geworden, dass ich in meinem Leben aufräumen musste. Also trat ich jedes Mal, wenn einer von ihnen bei mir auftauchte, hinterher mit mir in Beratung. Wenn ich erschöpft war, dann hielt ich inne und überlegte: »Fühle ich mich mit dieser Person immer so?« Und wenn die Antwort (was meistens der Fall war) Ja lautete, dann beschloss ich, mich von diesem Menschen zu verabschieden.

Es gab keine Aussprachen. Ich verzichtete darauf, selbst irgendwelche Dramen zu veranstalten. Ich hörte einfach nur auf, mit dieser Person Kontakt zu halten. Ich ging nicht mehr ans Telefon, wenn sie anrief. Ich bat Raguel, den für Beziehungen zuständigen Erzengel, die Drama-Meister einfach ziehen zu lassen. Und ich bat Zadkiel, den Erzengel der Erinnerungen, dafür zu sorgen, dass sie mich vergaßen.

Und ich kann dir sagen, das bewirkte eine entscheidende Veränderung in meinem Leben. Ich fühlte mich, als sei mir eine gewaltige Last von den Schultern genommen. Ich wurde ruhiger. Ich wurde glücklicher. Meine Einstellung war positiver. Und mir stand unendlich viel mehr Energie zur Verfügung.

Natürlich gibt es trotzdem noch immer den einen oder anderen Drama-Meister in meinem Leben. Schließlich gibt es Menschen, von denen man sich nicht einfach so verabschieden kann. Man hat Eltern, Geschwister, einen Ehepartner, Kinder und Kollegen, die man nicht aus seinem Leben entlassen kann. Am besten funktioniert es, wenn man ihren Einfluss einschränkt. Doch wenn du deine Kontakte in den sozialen Medien durchgehst und die Listen deiner Telefonpartner überprüfst, findest du mit Sicherheit jede Menge Drama-Meister, bei denen du frei entscheiden kannst, ob du etwas mit ihnen zu tun haben willst oder nicht.

Bitte geh nicht einfach davon aus, dass du keine Wahl hast. Einmal hatte ich eine Arbeitgeberin mit einer unglaublich negativen Einstellung: die Obermeisterin der Melodramatik, keine Frage! Weißt du, wie ich mir half? Ich hörte auf, zu ihren Besprechungen zu gehen, denn da war sie am sprunghaftesten. Ich vermied es, soweit es nur möglich war, mit ihr in Kontakt zu treten. Also mach dir genau klar, bei wem du wirklich »keine Wahl« hast.

Nun, da die Mehrheit der Drama-Meister aus meinem Leben verschwunden ist, bin ich um vieles glücklicher – und ich wünsche mir nichts mehr, als dass es dir genauso ergeht! Ich möchte, dass du frei von deiner Wunderlampe bist und für niemanden den dienstbaren Geist abgeben musst. Ich will, dass du die Gelegenheit hast, dich selbst zu lieben und zu entdecken, wer du ohne die Fesseln all deiner Drama-Meister wirklich bist.

Das bedeutet aber, du musst lernen, Nein zu sagen. Du musst anfangen, dein Haus aufzuräumen. Zu deinem Trost sei dir gesagt, dass die Konflikte, die du in dieser Zeit des Übergangs – in dieser Phase deines Erblühens – durchlebst, relativ kurz sein werden. Und sobald du es hinter dir hast, wirst du sehen, dass es jede Sekunde wert ist.

Du wirst dich daran gewöhnen, für deine Überzeugungen einzustehen. Du wirst die Bereitschaft aufbringen, deine Überzeugungen zu verteidigen und der göttlichen Führung zu folgen, die dir zuteilwird. Doch mehr als alles andere wirst du das tun, was du tun musst, um du selbst zu sein und nicht mehr dieses geschäftige Wesen, das jeder in dir sehen möchte.

Also sprich mir die folgenden Sätze nach:

»Nein!«

»Ach, das tut mir leid, aber das kann ich leider nicht tun.«

»Ich verstehe, was du sagen willst, aber ich habe dazu leider eine andere Einstellung und muss deshalb unglücklicherweise ablehnen.«

»Ich hoffe, du kannst das verstehen, aber was du von mir verlangst, fühlt sich für mich jetzt gerade leider falsch an.«

Und noch ein Letzter:

»Nein.«

Die Dschinnie-Akademie

Lektion 15: Drama-Meister-Verabschiedung

Schnapp dir ein Stück Papier, einen Stift und dein Adressbuch. Beschäftige dich mit all den Menschen, mit denen du regelmäßig Kontakt hast. Überprüfe auch die Anrufliste in deinem Telefon und deine Kontakte in den sozialen Medien. Achte darauf, ob dich ein positives oder ein unangenehmes Gefühl erfasst, wenn du den Namen einer Person liest oder über diese Person nachdenkst. Dann schreib die Namen aller in eine Liste, auf die du negativ reagierst.

Als Nächstes sieh dir all die Namen in deiner Liste an und entscheide, bei wem du die Wahl hast, ob du die Beziehung weiter fortsetzen willst. Denke wirklich gründlich darüber nach. Geh nicht einfach nur davon aus, dass du keine Wahl hast. Möglicherweise kannst du die Begegnungen mit dieser Person wenigstens stark einschränken. Handelt es sich jedoch um Personen, bei denen du wirklich keine Wahl hast, dann streich sie von deiner Liste.

Bei all denen, die jetzt noch auf deiner Liste übrig bleiben, überlege gründlich, was sie von dir nehmen und was sie dir zurückgeben. Befinden sich die Waagschalen im Gleichgewicht? Wenn nicht, warum willst du diese Person dann weiterhin in deinem Leben haben? Diejenigen, bei denen Negatives durch Positives ausgeglichen wird, kannst du von deiner Liste streichen.

Wer zum Schluss noch auf deiner Liste steht, ist ein Drama-Meister. Es ist an der Zeit für dich, dich von solchen Menschen zu verabschieden.

Ich möchte dir dringend dazu raten, *keine* große dramatische Erfahrung aus der Verabschiedung deiner Drama-Meister zu machen. Sie werden es nur nutzen, um Opfer zu spielen, dir Schuldgefühle zu machen und dich mit allerlei negativer Energie zu bewerfen. Und verabschiedest du dich nicht gerade deshalb von ihnen, weil du genau das nicht mehr mitmachen willst?

9
Dschinnie-Liebe

Es beginnt mit einem Flüstern. Einem Lächeln. Einem Leuchten im Auge des anderen. Einem verlegenen Erröten, während du dich abwendest; doch dann, weil du nicht anders kannst, riskierst du einen zweiten Blick.

Dein Herz flattert. Dein Atem beschleunigt sich, oder vielleicht wirst du dir der Tatsache bewusst, dass du den Atem sogar *anhältst*. Du hast eine Gänsehaut.

Nein, das ist keine Grippe, das ist die *Liebe!*

All das sind die ersten Anzeichen dafür, *dass etwas sehr Magisches im Begriff ist zu geschehen.*

Nicht jeder empfindet die Liebe als einen wichtigen Bestandteil eines magischen Lebens, doch die Mehrheit sieht es so. Für mich war sie immer ein wesentlicher Bestandteil meines Glücks – schließlich heiße ich mit Nachnamen Valentine –, folglich musste das Thema Dschinnie-Liebe ein Bestandteil dieses Buches sein.

Liebe findet auf vielerlei Arten Eingang in dein Leben. Manchmal schleicht sie sich still und leise hinein. Ein andermal trifft sie dich wie ein Faustschlag. Ich scheine ein Abonnement auf die Faustschlag-Variante zu haben; noch nie hat sich die Liebe auf leisen Sohlen in mein Leben geschlichen. Einige meiner Bekannten scheinen jedoch immer dem vorsichtigen, langsamen und sanften Weg zu folgen. Wie auch immer es bei dir abläuft, du kennst die Macht der Liebe. Die Freude! Wenn das Schlagwort von der Magie des Lebens sich überhaupt irgendwann als wahr erweist, dann, wenn man sich verliebt. Und wenn die Liebe sich bei dir breitmacht, dann kannst du sicher sein, dass du sie entweder bewusst oder unbewusst herbeigewünscht hast.

Falls du gegenwärtig keine erotische Liebe in deinem Leben hast, so will ich dir Wege zeigen, wie du die Dschinnie in deinem Inneren dazu bringen kannst, sie herbeizuschaffen. Aber zunächst wollen wir erst einmal ein paar Begriffe definieren, damit wir alle den gleichen Ausgangspunkt im Hinblick auf die unterschiedlichen Arten von Dschinnie-Liebe haben.

Seelengefährten, Zwillingsflammen, Romanzen ... ach herrje!

Wenn über Beziehungen gesprochen wird, dann werden gerne Begriffe nebeneinander verwendet, die eigentlich nicht das Gleiche bedeuten. Wenn du die wahre Liebe suchst, was meinst du dann damit? Suchst du nach einem *Seelengefährten*? Bist du besonders wagemutig und hältst deshalb nach einer *Zwillingsflamme* Ausschau? (Falls es das ist, was du suchst, dann sei vorsichtig mit dem, was du dir wünschst; warum, werde ich gleich erklären.) Oder bist du einfach auf der Suche nach einer schönen *Romanze?*

Alle drei Varianten sind wunderbar, und es lohnt sich gewiss, um sie zu bitten, doch die Unterschiede dürfen nicht außer Acht gelassen werden. Und manche Menschen wollen *keine* dieser Möglichkeiten; sie sehnen sich nur nach Gesellschaft, nach jemandem in ihrem Leben, mit dem sie spazieren, essen oder ins Kino gehen können.

Welche Beziehung wir auch führen, immer fühlen wir uns zu Menschen hingezogen, mit deren Hilfe wir wachsen, lernen und uns entwickeln können. Beziehungen sind wie das Sandkorn in der Auster. So wie die Auster aus dem Sandkorn eine perfekte Perle erschaffen kann, so kann die Erfahrung einer Beziehung uns veranlassen, uns auf wunderschöne Weise zu entwickeln. Wir sind hier auf der Erde, um Erfahrungen zu sammeln – um mehr zu werden, als wir schon sind. Auch wenn wir die Dinge gerne anders hätten, unser Wachstum scheint durch Herausforderungen ebenso voranzukommen wie durch Freude. Und beides ist in der Regel in unterschiedlichem Maße Bestandteil von erotischen Beziehungen.

Seelengefährten sind ein Thema, über das viel gesprochen wird, deshalb wundert es mich, dass so viele falsche Vorstellungen über die Bedeutung des Begriffs im Umlauf sind. Viele stellen sich bei dem Wort eine Beziehung mit einem Menschen vor, der nicht nur perfekt für sie geeignet ist, sondern praktisch exakt auf sie zugeschnitten.

Der einzige Abschnitt in dieser Beschreibung, mit dem ich übereinstimme, ist das Wort »perfekt«. Und auch dann verstehen die meisten Menschen unter dem Wort nicht dasselbe wie ich. In diesem Zusammenhang meine ich jemanden, der perfekt geeignet ist, um dir beim *Wachsen* zu helfen. Jemanden, der in idealer Weise dazu fähig ist, dich in deiner Entwicklung und im Erreichen der Ziele zu unterstützen, die du im Sinn hattest, als du im Himmel einer erneuten Inkarnation hier auf der Erde zugestimmt hast. In diesem Sinne ist die Person aber auch perfekt geeignet, um auf deine wunden Punkte zu drücken und dich ganz und gar verrückt zu machen.

Ein »perfekter« Seelengefährte ist eben nicht jemand, der dich niemals verärgert oder unglücklich macht. So jemand ist kein richtiger Mensch, sondern nur eine Schaufensterpuppe.

Und hier kommt der Knüller: Mit Seelengefährten muss man gar nicht unbedingt eine erotische Beziehung haben. Um die Wahrheit zu sagen, viele, wenn nicht sogar die meisten Seelengefährten in deinem Leben gehen auf der erotischen Ebene gar keine Verbindung mit dir ein. Seelengefährten sind einfach Seelen, mit denen du übereingekommen bist, gemeinsam Zeit auf der Erde zuzubringen, um bestimmte Aufgaben zu erfüllen. Wahrscheinlich habt ihr euch viele Male zugleich inkarniert. Und wenn meine Beobachtungen stimmen, seid ihr wenigstens einmal eine erotische Beziehung miteinander eingegangen. (Bei meinen Freunden habe ich beobachtet, dass eine Seelengefährten-Freundschaft einen weniger verrückt macht als eine Seelengefährten-Romanze. So weit meine bescheidene Meinung.)

Wenn du an deinen Seelengefährten denkst, dann spürst du das in deinem Herzen. Wenn du ihm oder ihr zum ersten Mal begegnest, dann *weißt* du, dass es dein Seelengefährte ist. Auch wenn dieser Seelengefährte in diesem Leben nur dein platonischer bester Freund ist, die Freundschaft wird dennoch von einer mächtigen energetischen und emotionalen Verbindung getragen.

Selbstverständlich ist es toll, wenn deine erotische Verbindung die mit einem Seelengefährten ist. Deshalb sehnen wir uns ja danach. Als Gesellschaft haben wir diese Vorstellung sogar idealisiert. Und ich meine, diese Beziehungen haben unsere besondere Wertschätzung verdient, vorausgesetzt, wir sehen sie wirklich als das, was sie sind: eine mächtige Verbindung, deren Beschaffenheit uns auf eine Weise wachsen lässt, die uns zutiefst berührt. (Und uns deshalb verrückt macht!)

Eine **Zwillingsflammen-Beziehung** ist eine sogar noch stärkere Verbindung als die von Seelengefährten. Es gibt da draußen nur eine mögliche Zwillingsflamme für dich, und die Beziehung mit ihr ist immer erotischer Art. Du merkst, dass du deiner Zwillingsflamme begegnest, wenn du einen Menschen findest, der über dich in spiritueller und emotionaler Hinsicht instinktiv alles weiß. Stell dir vor, wie intensiv das Zusammensein mit einem solchen Menschen ist – und wie euphorisch! Aber mach dir auch ein Bild von den wahnsinnigen Herausforderungen und den emotionalen Turbulenzen, die im Gefolge all dieser Glückseligkeit auf dich zukommen (denn sie kommen im gleichen Maß). In einer Zwillingsflammen-Beziehung wirst du auf eine Weise zu Wachstum und Entwicklung gezwungen, die du dir nur vorstellen kannst, wenn du sie erlebt hast. Ja, der Lohn ist groß, aber der Preis ist auch hoch.

Der normalen, wunderbaren **Romanze** möchte ich zum Schluss ebenfalls Anerkennung zollen. Glaube es oder nicht, aber du musst dich nicht mit einem Seelengefährten oder einer Zwillingsflamme verbinden, um sehr, sehr glücklich zu werden, dich geliebt zu fühlen oder in einer Beziehung zufrieden zu sein. Wenn ich um eine Auslegung im Hinblick auf Beziehungen gebeten werde, dann fragen mich neunzig Prozent der Leute nach ihrem Seelengefährten. Meine Antwort lautet immer: »Muss es denn ein Seelengefährte sein? Können wir den Himmel nicht einfach fragen, wann sich bei dir eine freudige, unterstützende Beziehung einstellt, die dich unglaublich glücklich macht, und die genauen Benennungen ihm überlassen?«

Es ist wenig überraschend, aber die meisten sagen Ja!

Die vollkommene Unvollkommenheit

Wie gesagt: Ständig fragen mich Leute danach, wann sie den für sie »perfekten Partner« finden. Durch diese Frage fühle ich mich eigentlich immer veranlasst, die Augenbrauen hochzuziehen und mich zu erkundigen, was sie denn mit »perfekt« meinen.

Meiner Meinung wären wir, wenn der »perfekte Partner« in unserem Leben erscheint, derart gelangweilt, dass wir ihn noch vor Ablauf eines Jahres »entsorgen« würden. Wenn unsere Partner unsere empfindlichen Punkte nicht berühren und nicht die Aufregung verursachen, die wir brauchen, um persönliche Erkenntnisse zu gewinnen, wozu sind sie dann gut? Auf der spirituellen Ebene sehnen wir uns immer nach Wachstum und Entwicklung, also suchen wir unsere

Freunde und Liebsten danach aus, ob sie uns dabei unterstützen.

Wenn man zu Ende gegangene Beziehungen genau untersucht, dann stellt man oft fest, dass ihre Fortsetzung deshalb nicht möglich war, weil keiner der Beteiligten mehr etwas gelernt hätte. Wenn du also mit dem »perfekten Partner« jemand so Unvollkommenen meinst, dass er dich ein bisschen zum Wahnsinn treibt, dann suchst du nach dem Richtigen. Unvollkommen ist perfekt. Die Perfekten sind unvollkommen. Und du hast meinen Segen für deine weitere Suche.

Und was ist mit dem oder der berühmten »Einen«? Daran will ich auch nicht so recht glauben. Die Seelen, die sich hier auf der Erde inkarnieren, haben sich in den letzten hundert bis zweihundert Jahren stark entwickelt. Wir heiraten nicht mehr die einzige Person, die wir finden können, bauen Getreide an, ziehen die Kinder groß, damit sie auf dem Hof helfen, und bleiben bei diesem einen Menschen, weil wir keine andere Möglichkeit haben. Mir kommt es so vor, dass die Seelen, die jetzt ins Leben treten, im Verlauf ihrer Zeit auf dem Planeten drei Schul- oder Berufsabschlüsse, vier Karieren, achtundzwanzig verschiedene Jobs und vier verschiedene Partner haben möchten. Was wir aus unserem Leben herausholen wollen, hat sich beschleunigt und entwickelt, und die meisten von uns meinen, dass wir nicht alles von einer Person bekommen können, was wir im Laufe unseres Lebens brauchen.

Im großen Gesamtzusammenhang der Dinge ist Liebe unendlich und ewig. Allerdings kann die Magie, die zwei Dschinnies miteinander teilen, verblassen. Sie haben in ihrem Zusammensein alles gelernt, was möglich war, und wenn dieser Fall eintritt, dann ziehen sie sich in ihre jeweiligen Wunderlampen zurück. Doch das Leben da drinnen macht keinen großen Spaß, also kommt irgendwann die Zeit, um weiterzuziehen.

Oft ist der oder die »eine« tatsächlich der- oder diejenige, der oder die uns im Hier und Jetzt beim Wachsen helfen soll. Oder aber er beziehungsweise sie erteilt uns für den jetzigen Augenblick unseres Lebens die erforderlichen Lektionen.

Auch wenn die Gesellschaft die Vorstellung romantisiert, fünfundsiebzig Jahre lang mit ein und derselben Person zusammen zu sein, ist nichts Falsches daran, mehr als eine sich entwickelnde Beziehung im Verlauf eines Lebens zu haben. Vielleicht stellen wir uns, indem wir nach dem oder der »einen« suchen, nur auf Enttäuschung und Scheitern ein.

Am wichtigsten ist es mir jedoch, dich von der unnützen kleinen Empfindung namens »Angst« zu befreien. Von meinem Standpunkt aus betrachtet, ist dir nicht damit gedient, wenn du befürchtest, den »perfekten/unvollkommenen« erotischen Partner nie zu finden. Ich bin ganz und gar überzeugt davon: »Das Universum verabscheut jedes Vakuum.« Das ist eigentlich eine naturwissenschaftliche Aussage, doch im Hinblick auf erotische Beziehungen bedeutet sie meiner Meinung nach, dass das Universum die Liebe, die du im Herzen trägst, nicht verschwenden will. Gemäß der perfekten Zeitplanung des Universums wird irgendwer kommen, um diese Liebe zu empfangen. Die Herausforderung besteht darin, dass du dir deinerseits jemanden wünschst, der dir Liebe im gleichen Maß zurückgibt.

Jetzt siehst du mich?

Und das führt mich zu der Art und Weise, wie sich die meisten Leute Verliebtsein vorstellen. Was an diesem Gefühl der Berauschung macht uns eigentlich so wahnsinnig glücklich? Ist es ein chemischer Stoff in unserem Gehirn? Werden wir einfach derart von Hormonen überflutet, dass wir nach dem Gefühl süchtig werden? Oder ist da noch mehr?

Dazu habe ich eine Theorie. Wenn wir uns verlieben, dann sehen wir plötzlich das Objekt unserer Zuneigung so, wie es wirklich ist. Ja, ja … ich weiß natürlich, vom Standpunkt der »wirklichen Welt« betrachtet, veranlasst uns die Liebe manchmal, Menschen durch eine rosarote Brille zu sehen. Aber was ist, wenn doch mehr dahintersteckt?

Was wäre, wenn ein Teil von uns, sobald wir uns verlieben, auf die andere Seite des Vorhangs gelangt? Was wäre, wenn Sichverlieben unsere Seele für die Gefühle öffnet, die wir sonst nur im Himmel erfahren? Was wäre, wenn Sichverlieben bedeutet, dass wir den anderen (und vielleicht sogar uns selbst) tatsächlich als die wahre Seele sehen, die er oder sie ist? Könnte es vielleicht sein, dass wir so allen gegenüber empfinden, sobald wir nicht mehr in physischen Körpern stecken, sondern in unserer spirituellen Form zwischen den Sternen umherschweben? Sehen wir, sobald wir im Himmel sind, plötzlich das göttliche Licht in allen Seelen, und sind wir daher in alle »verliebt«? Wenn unsere Verliebtheit zu Ende geht, dann bedeutet das vielleicht, dass wir uns in die »wirkliche Welt« und in unsere physische Existenz zurückziehen und beginnen uns zu verbergen. Wir verbergen unser wahres Selbst vor dem anderen und er das seine vor uns.

Ich fasse also zusammen: Unvollkommen ist perfekt. Es hilft uns, zu wachsen, uns zu entwickeln und mehr zu lieben. »Perfekt« wäre unvollkommen, selbst wenn es überhaupt existieren könnte.

Du hast mehr als eine Chance zu lieben. Ja, meiner Meinung nach ist die Zahl unserer Chancen unbegrenzt. Du hast an der Zukunft nichts zu fürchten und an der Vergangenheit nichts zu bedauern.

Liebe erst mal dich selbst. Ein Klischee, ich weiß. Aber trotzdem die aufrichtigste Wahrheit, der du begegnen könntest. Sobald du dich selbst liebst, schenkst du deinem Partner die reinste Liebe, die es nur gibt. Außerdem verlangst du die gleiche Liebe von ihm zurück. Du lässt es nicht mehr zu, dass dich jemand übervorteilt. Erst dann kannst du die Liebe erfahren, von der du schon immer geträumt hast.

Diese perfekte, unvollkommene Liebe.

Es wird Spuren hinterlassen

Manche Menschen hinterlassen einfach Spuren. Ich weiß schon, dieser Satz klingt wie aus einem Popsong, aber er ist trotzdem wahr. Jeder hatte irgendwann diese eine Beziehung, die sich wie *Magie* anfühlte. Wenn sich diese Beziehung, aus welchen Gründen auch immer, auflöst, dann kann es sehr schwer sein, mit einem anderen Partner ebensolche Magie zu empfinden. Dafür gibt es mehrere Gründe.

Zunächst einmal bringt die Verschmelzung von Dschinnie-Liebe jedes Mal ein ganz eigenes Gemisch hervor. Es gibt keine zwei gleichen Menschen, also kann es auch keine zwei gleichen Gemische aus erotischer Magie geben. Außerdem kommt es zu Spannungen, wenn die Leute ihre gegenwärtige erotische Beziehungen mit ihren zurückliegenden vergleichen. Wie gesagt, das Spiel des Vergleichens ist immer eine Falle. Die Vergangenheit kann man leicht durch die rosarote Brille sehen, weil man die Schwierigkeiten vergisst, die zum Ende der vorhergehenden Beziehung geführt haben.

Beim Ende jeder Beziehung ist es wichtig, dem ehemaligen Partner für seine Hinweise auf Eigenschaften dankbar zu sein, die du inzwischen zu schätzen weißt, und für die Erkenntnisse, die du in eurer gemeinsamen Zeit im Hinblick auf deine Bedürfnisse in einer Beziehung gewonnen hast. Den unauslöschlichsten Eindruck hinterlassen die Menschen bei dir, die dir über dich etwas Magisches beigebracht haben. Falls du das Glück gehabt haben solltest, eine solche Beziehung erleben zu dürfen, und deshalb nicht aufhören kannst, immer wieder zurückzublicken, dann habe ich hier einen magischen Rat für dich.

Möglicherweise machst du den Fehler, dass du dem anderen Dschinnie in der Partnerschaft das Verdienst für die Magie darin zuschreibst. Du vergisst, dass die Magie, die du erlebt hast, nicht die andere Person war; die Magie war in *dir*. Sie war etwas, was die andere Person in deinem Herzen erweckt hat. Es ist wichtig für dich, dich daran zu erinnern, dass *du* diese Magie in dir trägst und dass niemand sie dir wegnehmen kann.

Anders ausgedrückt, dein Ex ist nicht der Einzige, mit dem du Magie erzeugen kannst. Schreib deinem Ex nicht allen Verdienst für die Magie zu, die du erlebt hast. Zolle ihm Anerkennung dafür, dass er die richtige Leinwand für dich abgegeben hat, damit du diesen Aspekt deiner selbst darauf abbilden und sichtbar machen konntest. Diese Anerkennung hat er verdient. Aber dein Ex ist nicht die Quelle der Magie in dir, von der du gerne mehr erleben möchtest. Wer auch immer dein Ex war, er ist nicht ohne Grund in dein Leben getreten. Und er hat dein Leben auch nicht ohne Grund wieder verlassen. Und übrigens gilt das auch, wenn es *eine* Ex ist.

Wenn wir schon über Expartner sprechen

Mich erstaunt die Zahl von Menschen, die mich um Deutungen dazu bitten, ob ihre Expartner auf der erotischen Ebene in ihr Leben zurückkehren. Dieser Wunsch ist viel weiter verbreitet, als du dir vorstellen kannst. Einer der Gründe, warum ich diese Frage so oft zu hören bekomme, könnte sein, dass die spirituellen Gemeinschaften, in denen ich lehre, so voller guter und freundlicher Menschen mit weichen Herzen sind, die das Schlechte vergessen und sich nur an das Gute erinnern wollen. Das ist ein liebenswerter Zug, aber es ist auch eine Falle, weil es sie daran hindert voranzukommen.

Ein anderer Grund, warum sich viele ihren (oder ihre!) Ex zurückwünschen, ist Angst. Sie haben vielleicht ein geringes Selbstwertgefühl, oder möglicherweise befinden sie sich schon länger ohne Ergebnis auf Partnersuche, als ihnen lieb ist. Die Angst macht sich in ihnen breit, dass sie keinen angemessenen neuen Partner finden können, also bereuen sie es, ihre vorherige Beziehung beendet zu haben.

Und schon ist das hässliche Paar wieder da: Angst und Reue.

Wenn du spürst, dass Reue im Anzug ist, dann erinnere dich daran, dass es in jeder Erfahrung etwas zu lernen gibt. Du lernst aus jeder zurückliegenden Partnerschaft, wie du dich in der nächsten verhalten sollst. Du wächst. Wenn du beim letzten Mal einen Partner gewählt hast, der von dir gerettet und geheilt werden musste, dann hast du hoffentlich gelernt, dich dieses Mal für einen ausgeglichenen und liebevollen Partner zu entscheiden.

Meiner Meinung nach geschieht die Wahl eines Partners, der gerettet werden muss, aus mangelnder Selbstliebe. Du siehst einen sanierungsbedürftigen Typen und denkst unbewusst (oder bewusst): »Ja, das ist der Mensch, dessen Liebe ich verdiene.« Nein, Liebling, keineswegs! Du verdienst es, bewundert, wertgeschätzt und inspiriert zu werden! Du hast das während deines Aufenthalts auf der Erde nur vorübergehend vergessen.

Für den Fall, dass du darum gebetet hast, dein Ex möge zurück in dein Leben kommen, dann möchte ich dir hier einen sehr liebevollen Vorschlag machen: Erlasse dem Himmel deinen Wunsch vorübergehend, und versuch es stattdessen mit dem folgenden Gebet …

Lieber Gott,
ich spüre in mir den Wunsch, zu meinem Ex zurückzukehren. Ich wüsste gerne genau, was das zu bedeuten hat. Bitte hilf mir, mich an all die Gründe zu erinnern, deretwegen ich die Partnerschaft beendet habe. Verhilf mir bitte zu einem klaren Verständnis davon, warum dieser

Wunsch in mir entstehen kann. Falls der Wunsch, zu meinem Ex zurückzukehren, nur auf Angst beruht, dann befreie mich von dieser Angst, durchtrenne die energetische Verbindung zu meinem Ex, und zeige mir klar und deutlich die Freude, die für mich in der Beziehung mit einem anderen Menschen möglich ist.

Dann tritt zurück und sieh, spüre, fühle, höre und verstehe die wahren Gründe für deinen Wunsch. Bediene dich der magischen Macht deiner Dschinnie, um die notwendigen Antworten zu finden, damit du aus der Wunderlampe wieder herausfindest, denn genau dorthin bist du zurückgekehrt. Angst und Reue haben dich wieder in die Wunderlampe eingeschlossen, und deshalb kannst du deinen nächsten, sehr viel besseren Partner nicht manifestieren!

Lass deine Vergangenheit (und deinen Ex) los.

Her mit der Liebe ... das ist so einfach wie 1, 2, 3!

Im **ersten** Schritt, um erotische Liebe in dein Leben zu holen, musst du klar sehen, wonach du suchst. Es ist wichtig, Klarheit zu schaffen in der Frage, was du aus vergangenen Beziehungen in einer zukünftigen wiederfinden willst und was auf gar keinen Fall. (Am Ende des Kapitels findest du ein paar Übungen, die dir helfen, diese Klarheit zu erlangen.)

Zweitens, sieh zu, dass du aus dem Haus gehst! Du weißt schon, wohin: raus in die Welt! Es überrascht mich immer wieder, wie viele Menschen von mir wissen wollen, wann sie endlich ihren Seelengefährten kennenlernen. Dann frage ich: »Was tust du, um ihm entgegenzukommen?«

Fast immer lautet die Antwort: »Nichts!«

Also will ich wissen: »Nun, bist du wenigstens da draußen und lernst Leute kennen?« Die Antwort lautet fast immer: »Nein!«

Diese Strategie funktioniert 1 a, wenn dein Seelengefährte der DHL-Mann ist und du *eine Menge* Kram bestellst. Wenn nicht, dann ist dein Plan nicht so besonders toll.

Du musst dein Licht ins Fenster stellen! Du musst da draußen sein, wo man dich finden kann! Außerdem ist es eine wunderbare Methode, um deine Aufmerksamkeit von der Vergangenheit und deinem Ex abzuziehen und dich auf die Zukunft und die unendlichen Möglichkeiten zu besinnen, die auf einem Planeten mit mehr als 7,5 Milliarden Einwohnern zu finden sind!

Drittens … sei die Freude! Sei voller gespannter Erwartung. Sei vertrauensvoll und sicher, dass du bald all die Gefühle, die ich am Anfang des Kapitels beschrieben habe, erleben wirst. Positive Emotionen wirken wie Magnete für die Manifestation von Herzenswünschen, insbesondere, wenn es um die Liebe geht.

Noch einmal?

Positive Emotionen wirken wie Magnete für die Manifestation von Herzenswünschen, insbesondere, wenn es um die Liebe geht.

Du musst deine ganz persönliche Herangehensweise finden, um diese glücklichen Augenblicke des Vertrauens zu erzeugen, sei es, indem du aus vollem Halse Liebeslieder singst, beglückende Poesie liest, hochromantische Traumcollagen erstellst oder einfach nur, indem du deine Engel bittest, dich diese ungeduldige Erwartung im Hinblick auf etwas spüren zu lassen, was bald ganz sicher dein sein wird.

Bemühe dich, dir diese Einstellung zu eigen zu machen. Wenn du ein offenes Herz und jede Menge Liebe zu verschenken hast, dann

WIRST DU LIEBE FINDEN.

Der Himmel wird deine ganze Liebe nicht sinnlos schlecht werden lassen. Liebe ist das Allerwertvollste im Universum.

Meinen Klienten erkläre ich: »Wenn die erotische Liebe sich in eurem Leben breitmacht, dann kommt alles andere zum Stillstand.« Deshalb finde ich es nicht schlimm, wenn ich Leuten sagen muss, dass ihr erotischer Partner erst in vier oder acht oder vielleicht sogar erst in zwölf Monaten in ihr Leben treten wird. »Tut andere Dinge«, rate ich ihnen. »Erledigt, was sich auf eurem Teller befindet! Wenn die erotische Liebe erst in Gang kommt, dann wollt ihr nichts anderes mehr tun, als in verträumte Augen sehen. Also nutzt die Zeit, die ihr noch habt, bevor es losgeht, damit ihr mit allem fertig seid, was fertig sein muss.«

Im Ernst, wenn es mit dem Verliebsein erst anfängt, dann zählt nur noch die nächste Nachricht, die nächste E-Mail, der nächste Anruf.

Falls du deine erotische Liebe jetzt sofort serviert haben willst, aber mit deiner Dschinnie-Magie auf deinen Beruf fokussiert bist, dann könnte es etwas länger dauern. Die meisten Menschen haben Grenzen in Bezug darauf, mehrere

Dinge gleichzeitig auf die Reihe zu bekommen. Wenn dein berufliches Vorankommen, ein Gesundheitsproblem oder irgendetwas anderes deine ganze Zeit, Energie und Dschinnie-Magie beansprucht, dann solltest du nicht überrascht sein, dass die ersehnte Romanze auf sich warten lässt. Beende das, woran du gerade arbeitest, und dann mach eine Pause. Lade erst deine Dschinnie-Batterien auf, und kümmere dich dann um dein Liebesleben. Du wirst dich wundern, wie schnell die Dinge geschehen, wenn du deine ganze Aufmerksamkeit erst einmal auf die Liebe richtest!

Magie aus dem Gleichgewicht

Wenn wir uns gerade erst verliebt haben, dann kann es sehr leicht geschehen, dass Beziehungen aus dem Gleichgewicht geraten. Wir können so sehr damit beschäftigt sein, jemandem schöne Augen zu machen, dass wir uns nicht mehr um uns selbst kümmern. Anfangs ist das vielleicht gar kein Problem, doch, und das ist der Haken, es kann zur Gewohnheit werden. Und noch bevor du dir darüber im Klaren bist, investierst du in deinen Geliebten 75 Prozent, erhältst von ihm aber nur 25 Prozent zurück. Nach und nach *erwartet* dein neuer Partner von dir, dass du dich so verhältst.

Gerät die Magie zwischen den beiden Partnern aus dem Gleichgewicht, dann folgt schließlich Unzufriedenheit. Versuchst du das Gleichgewicht wiederherzustellen, dann wird dein neuer Partner das möglicherweise ablehnen. Erinnere dich an das, was ich zuvor schon gesagt habe: Den meisten gefällt es nicht, wenn du dich veränderst, insbesondere wenn es bei der Veränderung darum geht, weniger für sie zu tun.

Es ist entscheidend, eine Beziehung von Anfang an im Gleichgewicht zu halten. Eine gute Methode, um das zu bewerkstelligen, ist ein aufrichtiges und offenes Gespräch mit einem vertrauten Freund darüber, wie das Geben und Nehmen in der Beziehung aufgeteilt ist. Du brauchst jemanden, der objektiv und freundlich ist, der zuhören kann und dich dann vorsichtig auf das hinweist, was sich nicht im Gleichgewicht befindet.

Ziehe auch in Betracht, ob du vielleicht zu der Sorte Mensch gehörst, die Drama-Meister anzieht. Erinnerst du dich noch an sie aus dem vorhergehenden Kapitel? Es handelt sich um die Menschen, die dich dazu bringen, deine Magie in ihren Dienst zu stellen, bis es schmerzt, und selbst dann immer noch mehr erwarten. Deshalb ist es so entscheidend, schon früh in einer Beziehung auf das Gleichgewicht zu achten. Wenn du selbst das Gleichgewicht lebst und nicht mehr als die Hälfte gibst, dann wird dein Partner, wenn er ein Drama-Meister ist, dich wahrscheinlich früher oder später fallen lassen.

Ein starkes soziales Netzwerk wird dir ebenfalls helfen, einen Drama-Meister zu vertreiben. Mit der Unterstützung deiner Freunde wirst du dich leichter daran erinnern, dass du eine solche einseitige Beziehung nicht gebrauchen kannst. Schließlich hast du dieses Schema schon oft genug wiederholt. Warum solltest du jemanden wollen, der dich nicht ausreichend wertschätzt, um dich in einer ausgeglichenen und fairen Weise zu lieben? Ist eine Romanze für dich *wirklich* so viel wert, dass dir jeder Partner recht ist?

Jetzt kommt das Verrückte an der Sache. Vielleicht denkst du über das nach, was ich von dir verlangt habe, und erkennst, dass du die Antwort auf diese Frage allen Ernstes nicht weißt. Aber ich wette mit dir um jeden Preis, dass du genau die Person bist, die ihre Freundin für verrückt erklärt, wenn sie eine Beziehung zu einem Drama-Meister aufnehmen will. Stimmt's?

Angenommen, du bist ihm bereits auf den Leim gegangen. Du bist mit einem Drama-Meister verheiratet, und du hast schon viel zu lange viel zu viel gegeben. Du weißt es. Deine Freundin weiß es. Um die Wahrheit zu sagen, jeder auf dem Planeten weiß es, nur dein Partner nicht. Was also willst du tun?

Nun, mein lieber Freund, meine liebe Freundin, jetzt ist der Zeitpunkt gekommen, um deinen Dschinnie-Liebesvertrag neu zu verhandeln.

Für den Anfang mach dir eine Liste all der Dinge, die du tust, um die Beziehung voranzubringen. Danach eine zweite, auf der du die Beiträge deines Partners benennst. Und dann ist es an der Zeit für ein Gespräch, in dem von deiner Liste einiges auf seine Liste wandert, um ein Gleichgewicht zu schaffen.

Aus Erfahrung weiß ich, dass dies ein schwieriges Gespräch ist. Veränderungen sind generell unwillkommen, insbesondere bei den Personen, die danach plötzlich mehr Aufgaben auf ihrem Teller haben und weniger Dienstleistungen erwarten dürfen. Also rate ich dringend dazu, mit gedämpfter Stimme zu sprechen, kleine Schritte zu planen und natürlich und insbesondere die Dinge anzuerkennen, die dein Partner bereits tut.

Sollte dir gar nichts einfallen, was dein Partner überhaupt tut, um dich und die Beziehung zu unterstützen, dann musst du vielleicht über mehr nachdenken als nur darüber, wie sehr deine Beziehung aus dem Gleichgewicht ist – etwa darüber, ob du überhaupt so etwas wie eine Partnerschaft führst oder ob du in die Kategorie des unbezahlten dienstbaren Geistes fällst. Falls ja, dann denk darüber nach, was du zu einer Freundin sagen würdest, die sich in dieser Situation befindet. Und dann sieh dich im Spiegel an, und wiederhole die an deine Freundin gerichteten Worte.

Was es mit lebenslangen Partnerschaften auf sich hat

Ich habe eine sehr enge Freundin, die ich seit Jahrzehnten kenne. Da ich ihre Privatsphäre schützen möchte, nennen wir sie einfach Cyndi. Cyndi und ich tauschen uns freimütig über unser Privatleben und unsere Berufe aus. Wie so viele beklagt sich Cyndi, dass ihre Ehe mit ihrem Mann Paul (der auch nicht Paul heißt) sich nicht wirklich wie die von Seelengefährten anfühlt. Vom emotionalen Standpunkt aus betrachtet, erscheinen ihr die Dinge ungleichmäßig verteilt. Tatsächlich ist alles eher wenig ausgeglichen. Aber deshalb ist Paul noch kein übler Typ. Cyndi liebt ihn sehr, und die beiden fühlen sich sehr aneinander gebunden. Nur leider ist Pauls Fähigkeit, emotional zu geben, beschränkt, während Cyndi sich körbeweise verschenkt.

Cyndi liebt also Paul, und Paul liebt Cyndi. Seine Bedürfnisse werden überwiegend, wenn nicht sogar vollständig, befriedigt, ihre nicht. Sie hat inzwischen erkannt: Es ist unwahrscheinlich, dass sie von Paul je das erhalten wird, was ihr in ihrem Leben fehlt.

Im Laufe der Jahre hat diese Situation natürlich zu zahllosen langen Telefonaten zwischen Cyndi und mir geführt. Wir haben darüber gesprochen, ob sie noch einmal losziehen soll, um diese Herz-zu-Herz-Seelengefährtenschaft zu finden, nach der sie sich so sehr sehnt, die sie aber nicht hat und die sie, realistisch betrachtet, von Paul auch nicht bekommen wird.

Wir haben nie eine eindeutige Antwort auf diese Frage gefunden. Gleichwohl hat sich kürzlich bei der weiteren Verarbeitung dieses Dilemmas eine interessante Offenbarung eingestellt.

Paul fühlt sich für Cyndi nicht wie ein Seelengefährte an. Aber sie empfindet ihn als äußerst wertvollen Lebenspartner. Als Lebenspartner ist Paul ziemlich cool. Er und Cyndi lachen viel miteinander. Sie lieben ihre Kinder und sind fantastische Eltern. Sie haben ein wunderschönes Zuhause und sind ständig auf Reisen. Sie kommen gut miteinander aus und erleben gemeinsam besondere Augenblicke. Sie waren auch in ziemlich dunklen Zeiten füreinander da. Und es gibt *Liebe* zwischen ihnen.

Du kannst dir jetzt bestimmt gut vorstellen, warum Cyndi schon so lange in dieser emotionalen Zwickmühle namens »Soll ich gehen oder bleiben?« feststeckt.

Offenbar ist Paul nicht ihr Seelengefährte, aber er ist ein großartiger Lebenspartner. Ist das so schlecht? Diese Frage kann natürlich nur Cyndi beantworten, und es könnte sein, dass sie sich einer Antwort nähert, indem sie Paul in einer

Kategorie sieht, in die er ehrlicherweise eher gehört – und in der er sich hervortun kann.

Indem wir unsere Liebespartner so sehen, wie sie *sind*, statt sie ständig mit dem Ideal zu vergleichen, wie wir sie gerne *hätten*, erreichen wir große Klarheit. Und indem wir die Dynamik zwischen den Menschen in einer Partnerschaft betrachten und beachten, was da ist statt was fehlt, wird Frieden wahrscheinlicher.

Selbstverständlich gibt es Bedürfnisse, die erfüllt werden müssen. Welche das sind, bedarf jedoch einer individuellen, persönlichen Einschätzung. Wenn die Erfüllung dieser Bedürfnisse ausbleibt, dann kann auch die erstaunlichste Lebenspartnerschaft nicht ausreichend sein.

Dennoch lege ich dir diese Auffassung von Seelengefährten und Lebenspartnerschaft vor, in der Hoffnung, dass ein neuer Blick auf die Dinge vielleicht Klarheit und Frieden in deinem Leben schafft.

Eines muss jedoch noch hinzugefügt werden, bevor wir weitergehen: In meiner ursprünglichen Definition von Seelengefährten erwähnte ich, dass sie oft hier sind, damit wir etwas lernen und uns entwickeln. Und manchmal kann uns das verrückt machen.

In Anbetracht dieser Definition ist es möglich (einfach nur möglich!), dass Paul letzten Endes doch Cyndis Seelengefährte ist.

Wunden, die bleiben

Es heißt, »die Zeit heilt alle Wunden«, und das trifft meistens zu. Aber man muss auch sagen, dass manche Wunden tiefer sind als andere. Manche bleiben. Du denkst vielleicht, Verlust und Schmerz sind geheilt, die Vergebung hat ihre Arbeit erledigt, und dann musst du urplötzlich erkennen, dass die Wunde noch da ist.

Das ist echt ärgerlich.

Ich habe in meinem Leben Verluste erlebt, unter denen ich immer noch leide, aber das hat mich nicht davon abgehalten, ein magisches Leben zu führen. Von allen Gaben, die ich mitbekommen habe, weiß ich mein Vertrauen am meisten zu schätzen. Mein spirituelles Glaubenssystem, wo auch immer ich es herhabe, ist sehr stark. Ich glaube an ein liebendes Universum. Ich glaube an Engel. Ich glaube, dass ich behütet werde von denen, die ich verloren habe, und sogar von denen, deren Namen mir in dieser Inkarnation entfallen sind. Ich bin fest davon überzeugt, dass alles in meinem Leben mit gutem Grund geschieht, egal ob ich ihn kenne oder nicht. Ich glaube, dass dieses Leben eine Illusion ist und in einem Lidschlag abläuft; wenn es vorüber ist, dann gehen wir zurück »nach Hause« in den Himmel und sagen uns: »Wahnsinn, was für ein toller Ritt!« Und dann stellen wir uns sofort wieder an, um hierher zurückzukommen.

Obwohl sich der letzte Teil für mich verrückt anhört, glaube ich dennoch daran, dass er wahr ist. Ich glaube, dass diese Existenz für meine Seele unendlich kostbar ist, auch wenn wir es während unseres Aufenthalts hier nicht wissen. Diese Gabe des Vertrauens gestattet es mir, meine Verluste zu beklagen, tragisch schöne Augenblicke zu ertragen und meinen Kurs zu halten. Immer weiterzugehen. Immer weiterzuglauben.

Einige der tiefsten, bleibendsten Wunden können ihren Ursprung in der erotischen Liebe haben. Oft, aber nicht immer heilt eine neue Liebe die Wunden der alten. Aber das Entstehen einer neuen Beziehung kann durch unverheilte Wunden aus der Vergangenheit auch aufgehalten werden. Also wollen wir herausfinden, warum das so ist.

Ursprung der Wunden

Angst. Besessenheit. Unversöhnlichkeit. Das sind die Hindernisse der Genesung. Deshalb können Wunden bleiben. Die Dschinnie-Magie-Maschine empfängt Anweisungen von diesen drei negativen Emotionen und den damit einhergehenden Gedanken. Sie sind die Reizerreger, die deine Wunde offen und dein Herz verschlossen halten. Und sie halten deine Gelegenheiten zu lieben auf Abstand.

Angst ist die vorrangige Ursache für nicht heilende Wunden. Vielleicht befürchtest du, dass deine soeben verlorene Liebe die beste oder einzige war, die du je erfahren wirst. Wenn du die Beziehung beendet hast, dann befürchtest du womöglich, damit einen Fehler gemacht zu haben. Oder du nimmst an, dass du nie wieder lieben wirst. Deine Angst lässt dich vermuten, dass der verlorene Partner deine erste und beste Gelegenheit zum Glück war – und jetzt hast du es vermasselt.

Solche Überzeugungen drehen sich in deinem Herzen im Kreis. Und wenn du an all das wirklich glaubst, dann kommt deine Fähigkeit zur Heilung zum Stillstand, weil deine Dschinnie-Magie damit beschäftigt ist, deine Überzeugungen wahr zu machen.

Je mehr Schmerz du empfindest, desto mehr schiebst du Gelegenheiten für neue Liebe von dir fort. Vielleicht hast du bewusst entschieden, dich nie mehr zu verlieben, damit du nie mehr verletzt werden kannst. Meistens jedoch handelt es sich um eine unbewusste Wahl. Das kreisförmige Abspulen der immer gleichen Gedanken sorgt dafür, dass du auf deine Wunde konzentriert bleibst, im übertragenen Sinne sozusagen ständig daran pulst, sodass sie nicht heilen kann. Sie hört nie auf zu schmerzen. Sie ist immer da, du bist dir ihrer ständig bewusst, und deine Magie erfüllt ihre Aufgabe. In energetischer Hinsicht bist du für andere Menschen nicht offen, und wer sich zu dir hingezogen fühlt, den schiebst du weg.

Bis hin zur **Besessenheit** können sich das ständige Nachdenken über die Vergangenheit und ihr fortgesetztes Wiedererleben hochschaukeln. Im Laufe der Zeit kann sich selbst der Mensch, der dich zutiefst unglücklich gemacht hat, in deiner Vorstellung in die Liebe deiner Träume verwandeln, die dich mit Augenblicken des Glücks beschenkt hat, wie du sie nie wieder erleben wirst.

Und schließlich ergreift vielleicht **Unversöhnlichkeit** von dir Besitz. Du siehst nur noch, was dein früherer Liebster alles falsch gemacht hat oder was du falsch gemacht hast. Entweder du vergibst euch oder nicht. (Wenn du dich dagegen entscheidest, dann kann es zu Wut führen, die sich in deinem Herzen verhärtet.) Viel häufiger kommt es jedoch vor, dass die Leute sich selbst nicht vergeben, insbesondere dann, wenn sie es waren, die die Partnerschaft beendet haben. Und selbst wenn sie die Beziehung nicht beendet haben, erinnern ihre Egos sie nur allzu gerne an all die Fehler, die auf ihr Konto gingen und den Geliebten vertrieben haben. Aber so muss es nicht sein.

Erinnerst du dich noch an den Korkenzieher der Emotionen, über den wir im ersten Kapitel gesprochen haben? Wenn deine Gedanken negativ sind, dann machen deine Gefühle es ihnen nach. Nun, es ist an der Zeit, all diese Gefühle zu entwirren und aufzulösen. Da Angst die Wurzel allen Übels ist, wollen wir die Auflösung in umgekehrter Reihenfolge angehen.

Die Wunden heilen

Im ersten Schritt muss **Versöhnung** auf den Plan – darüber haben wir bereits ausführlich gesprochen. In diesem Fall solltest du sie jedoch folgendermaßen formulieren: Wenn die Person, der du um keinen Preis vergeben willst, deine Vergebung verzweifelt wünscht, dann hat sie sie vielleicht auch verdient. Ist es ihr aber egal, ob du dich mit ihr versöhnen willst oder nicht, dann berührt es sie ohnehin auch nicht im Geringsten, wenn du dich an deine Wut klammerst.

Wir wollen davon ausgehen, dass dein Ex ein richtiger Mistkerl war, der dir jede Menge Gründe gegeben hat, richtig sauer zu sein. In welche Kategorie könnte er wohl fallen, diejenige, die sich unbedingt mit dir versöhnen will, oder gehört er zu jenen, denen Vergebung und so fort an der Hutschnur vorbeigehen? Welcher Kategorie auch immer du ihn zuordnest: Wer, glaubst du, leidet am meisten unter der

Unversöhnlichkeit? Falls du meinst, es könnte irgendjemand anders sein als du selbst, dann glaub mir, du machst dir etwas vor.

Noch viel wichtiger als Vergebung ist die *Selbst*-Vergebung. Hör mich an. Ich kann nicht wissen, was sich in deiner Vergangenheit zugetragen hat. Ich kenne die Umstände nicht. Aber an Folgendes glaube ich ganz gewiss: In jedem Augenblick deines Lebens hast du dein Bestes getan. Es gibt einen Grund dafür, dass deine Beziehung zu Ende gegangen ist, aber es ist nicht der, dass du einen *unentschuldbaren* Fehler gemacht hast. Aus der Sicht des Himmels kann dir *immer* vergeben werden. Du folgst einem Weg. Und selbst wenn es dir jetzt nicht bewusst ist, du bist vollkommen und wunderschön und verdienst die größte Liebe und die überwältigendste Gnade und alle Vergebung, die Gott oder der Geist oder das Universum – welchem Namen du auch den Vorzug gibst – dir gewähren kann. Was fällt dir dann also eigentlich ein, einem so wunderschönen und erstaunlichen Menschen, wie du einer bist, nicht vergeben zu wollen? Lass los! Mach dich frei! Vergib dir selbst!

Kommen wir im zweiten Schritt zur **Besessenheit.** Ich habe festgestellt, dass Besessenheit von der Vergangenheit und/oder früheren Liebespartnern mit wachsender Versöhnlichkeit und abnehmender Angst langsam verblasst. Du kannst sie also als eine Art Symptom der Wunde betrachten. Dennoch kann es sehr schwer sein, zwanghafte Gedanken unter Kontrolle zu bekommen. Um dich darin zu unterstützen, findest du am Ende des Kapitels eine Dschinnie-Akademie-Übung, die es dir vielleicht möglich macht, den Kreislauf zu durchbrechen.

Und zuletzt das große Thema **Angst.** Ich will dir hier etwas zum Nachdenken geben. Eine neue Sichtweise auf deine verlorene Liebe. Also denk bitte aufmerksam mit, denn was jetzt folgt, ist außerordentlich wichtig. Erinnere dich daran, ich sagte zuvor, dass die wahre und starke Liebe, die du empfunden hast, eine Fähigkeit in *dir* ist. Es ist mir ganz egal, wer dein Partner war; deine Erfahrung auf diesem Planeten wurde von *dir* und der Dschinnie in dir erschaffen. Du hast diese Erfahrung gewaltiger und mächtiger Liebe bewirkt. Du hast auf magische Weise diese Leidenschaft in dein Leben geholt. Du hast die Gelegenheit und den Raum geschaffen, die das Gefühl des Geliebtseins ermöglicht haben. Und wenn *du* sie geschaffen hast, was sagt uns das dann?

Es sagt uns, dass du es *wieder* tun kannst. Du hast es in dir, einen neuen Wunsch zu äußern. Du trägst in dir alle erforderliche Magie, um wahre und überwältigende Liebe in deinem Leben zu haben. Angst ist sinnlos.

Also, noch einmal …

Liebe ist unendlich. Liebe ist ewig.

Und du? Du bist ein magischer Geist, der aus Liebe geschaffen ist.

Die Dschinnie-Akademie

Lektion 16: Schreib deine eigene Liebesgeschichte

Als ich alleinstehend war, stolperte ich über ein Foto von jemandem in einer Zeitschrift, das mein Herz hüpfen ließ. Ich weiß nicht, warum, aber das Bild setzte sich in meinem Geist fest, und ich ertappte mich bei Tagträumen, in denen ich mir vorstellte, was ich tun würde, wenn ich dieser Person tatsächlich einmal begegnen würde. Das war der Moment, in dem ich anfing, meine eigenen Liebesgeschichten zu schreiben. Nicht nur als Methode, um mir darüber Klarheit zu verschaffen, was ich eigentlich auf der erotischen Ebene suchte, sondern auch, um es zu manifestieren.

Besorg dir also eine Kladde oder ein Tagebuch, das du deinen eigenen Liebesgeschichten widmest. Du brauchst dazu nicht unbedingt ein Bild, aber falls du eines von jemandem hast, der dir gefällt, dann kleb es auf die erste Seite der Geschichte, die du schreiben wirst. Wo, stellst du dir vor, wirst du dieser Person zum ersten Mal begegnen? Wie würde sich die Person verhalten? Wie könnte euer erstes Gespräch verlaufen? Lass deiner Vorstellungskraft freien Lauf, während du die Geschichte eures Kennenlernens aufschreibst.

Manche der Texte in meinem Romanzenbuch lesen sich wie Kurzgeschichten, andere wie Tagebucheintragungen. Aber solange deine Geschichten freudvoll sind, dich glücklich machen und mit Hoffnung erfüllen, kannst du sie als gelungene Bestseller empfinden!

Lektion 18: Loslassen

Manchmal kann es äußerst schwierig sein, einen Ex loszulassen – oder auch jemanden, von dem man ein bisschen besessen ist. Nachfolgend eine Methode, wie du diese Person aus dem Kopf bekommst, damit du mit deinem Leben fortfahren kannst.

Such dir einen Gegenstand, der der Person gehört, von der du dich nicht befreien kannst, und leg ihn in eine kleine Schachtel. Es muss sich nicht um etwas Großes oder Besonderes handeln und auch nicht um eine besondere Schachtel. Verschnüre die Schachtel mit einem Band, und begrabe sie.

Ich empfehle die »Beerdigung« der Schachtel außer Sichtweite, also vielleicht in einem Park, in den du gerne gehst. Du bist im Begriff, deine Besessenheit zu begraben. Dann malst du dir vor deinem inneren Auge aus, wie die Person, von der du besessen bist, von dir fortgeht. Jedes Mal, wenn die Person dir wieder in den Sinn kommt, stellst du sie dir weiter und weiter von dir entfernt vor.

Als ich die Übung einmal für mich selbst machte, stellte ich mir schließlich vor, wie mein Ex sich zu Fuß auf den Weg an den Pazifischen Ozean machte, dort ein Boot bestieg und davonsegelte!

10

Wenn es mit der Magie scheinbar nicht klappt

Die Dinge entwickeln sich nicht immer so, wie wir es erhoffen. So ist das Leben eben: ein Zickzackkurs. Egal wie sorgfältig man plant, irgendetwas geht immer schief. Es ist eben eine Tatsache, dass das Leben manchmal nach links zickt, während wir darauf eingestellt sind, nach rechts zu zacken.

Wenn das geschieht, dann stellen die meisten Leute die Warum-Frage. Meiner Meinung nach ist das eine hervorragende Frage! Aber man muss aufpassen, dabei nicht in die Opferrolle zu schlüpfen. Man gerät leicht ins Selbstmitleid, wenn das Leben seine Zitronen über einem ausdrückt, insbesondere, wenn man auf Orangen eingestellt war.

Ich stelle ausgesprochen viele Warum-Fragen. Aber ich gebe mir Mühe, sie immer von dem objektiven Hochplateau der Neugier aus zu stellen. Ich sage mir unablässig, dass mich das Universum jenseits aller Worte liebt. (Und ich werde den Satz so lange wiederholen, bis er auch bei dir ankommt!) Das Göttliche will nichts anderes, als dich glücklich zu machen. Wenn du um Orangen gebeten hast und stattdessen Zitronen bekommen hast, dann muss der Grund dafür der sein, dass Orangen deine Aussichten auf Glück nicht verbessert hätten. Wenn du daran glaubst, dich an dieser Art Vertrauen festhalten zu können, dann wird es dir viel leichter fallen, mit einem Kurswechsel klarzukommen.

Was Kurskorrekturen und Umwege bedeuten

Wenn die Dinge nicht so laufen, wie ich es erwartet hatte, dann fange ich sofort an, den neuen Weg zu suchen, den der Himmel offenbar für geeigneter für mich hält. Manchmal ist ein Umweg an sich bereits ein Zeichen des Himmels, insbesondere dann, wenn es nur einen einzigen anderen Weg gibt. Doch falls mehrere andere Wege möglich sind, dann fange ich an, den Himmel und die Engel um klare und präzise Richtungsangaben zu bitten. Ich sage ihnen: »Zeig mir den Weg, den ich nehmen soll, und ich gehe los.«

Bei zahllosen Gelegenheiten haben sich meine Pläne nicht so erfüllt, wie ich es vorgehabt hatte. Manche dieser Gelegenheiten waren unbedeutend, andere fühlten sich groß und wichtig an. Am Ende jedoch war das Ergebnis fast immer besser, als ich es mir erträumt hatte. Manchmal fällt mir sofort ein Grund ein, warum etwas so geschehen musste. Bei anderen Gelegenheiten dauert es eine Weile, bis die Erleuchtung einsetzt.

Ich möchte die Dinge hier nicht allzu grob vereinfachen, aber lass uns davon ausgehen, dass wir im Allgemeinen zwei Möglichkeiten haben: Wir können eine Situation, die sich nicht wunschgemäß entwickelt hat, negativ betrachten, oder wir können sie optimistisch annehmen und mit der Vorstellung sehen: »Toll, Gott muss ja wirklich etwas Großartiges für mich im Sinn haben, wenn es noch etwas Besseres für mich gibt als das, wovon ich geträumt habe! Also gut, ich bin vorbereitet. Zeig mir diesen neuen, verbesserten Plan!«

Manchmal wartet der Himmel darauf, dass du Veränderungen in dir vornimmst, die erforderlich sind, damit du dich in energetischer Übereinstimmung mit deinen Wünschen befindest. Wenn sich deine Pläne nicht erwartungsgemäß entwickeln, dann stell dir die Frage: Gibt es da etwas, von dem du in deinem Herzen weißt, dass du es verändern müsstest? Gibt es vielleicht neue, kühnere Versionen deiner selbst, die nur darauf warten, angenommen zu werden, und du sträubst dich noch?

Falls ja, dann fordere ich dich noch einmal auf, die Warum-Frage zu stellen.

Der Himmel liebt dich. Deine Engel lieben dich. Gott liebt dich. Wenn du das glaubst, dann gibt es einfach keine andere logische Erklärung für einen unerwarteten Umweg, als dass er dich zu einem noch freudigeren Ziel führen will, als du es geplant hattest.

Also: Ja, wenn etwas nicht erwartungsgemäß läuft, dann stell die Warum-Frage. Doch tu es mit Optimismus und in dem Wissen, dass wahrscheinlich etwas viel Besseres für dich vorgesehen ist.

Vertraue darauf, dass die Liebe des Himmels dich auf einen Weg der Freude führt.

Wenn die Zeichen auf »Nein« weisen

Wie du weißt, setze ich großes Vertrauen in Synchronizitäten und auf alles, was ich als Botschaft der Engel betrachte. Es ist ganz natürlich, dass wir, wenn sich die Dinge nicht gut für uns entwickeln, leicht auf die Idee kommen, es könnte an unseren fehlerhaften Plänen liegen. Dass das Göttliche uns anweist, die Richtung zu ändern. Dass wir uns auf dem falschen Weg befinden. Aber das trifft nicht immer zu!

Wenn die Dinge plötzlich schwierig werden, dann ist das *möglicherweise* ein Zeichen des Himmels, die Richtung zu ändern. Manchmal jedoch haben die Herausforderungen des Lebens die Aufgabe, dich mutiger und stärker zu machen und deine Entschlossenheit zu festigen. Es könnte der Beginn von etwas Wunderbarem sein!

Die Schwierigkeit besteht darin, zu erkennen, ob deine Engel dir sagen, wie du deinen Weg fortsetzen sollst, oder ob sie dich auf sanfte Weise darüber informieren, dass dir ein ganz und gar neuer Plan besser dienen würde.

Nun, die Antwort ist einfach: Sie befindet sich *in deinem Herzen*. Und das meine ich ernst.

Wenn es um deinen Lebenssinn geht, dann wird dich dein Herz niemals in die Irre führen. Dein Herz wird dich wissen lassen, ob einer deiner Träume dich vom Weg abführt oder nur einer kleinen Korrektur bedarf. Dein Herz sagt es dir, wenn etwas so sein soll, wie es ist, oder wenn etwas Besseres noch außer Sichtweite auf dich wartet. Auch wenn das, was nicht sein soll, Traurigkeit auslöst, gibt es noch immer die Hoffnung auf das, was sein *wird*.

Dein Ego jedoch wird lügen, lügen, lügen. Es wird dir sagen, dass du nicht gut genug bist. Es wird dafür sorgen, dass du dich wie ein Versager fühlst, und dir sagen, wie dumm es von dir war, auch nur einen Versuch zu machen. Diese verletzenden und gemeinen Mitteilungen kommen nicht aus deinem Herzen. Und sie haben ihren Ursprung auch nicht bei den Engeln. Deine Engel würden nie, niemals zu dir in diesem Ton sprechen. So kannst du leicht feststellen, ob eine Botschaft von deinem Ego oder von deiner göttlichen Führung kommt.

Wenn etwas nicht sein soll, dann bekommst du ein anderes Angebot. Vielleicht nicht sofort, aber es wird sich schon bald einstellen. Früher oder später weißt du, wie richtig es war, die Bremse zu ziehen.

Wenn du dranbleiben sollst, dann reicht ein Blick in dein Herz, und es erfüllt dich mit einem Lied der Entschlossenheit! Bitte deine Engel, und sie versorgen dich mit Zeichen, damit du trotz aller Widrigkeiten deinen Weg fortsetzt.

Ich werde oft gefragt, was es wohl zu bedeuten hat, wenn zugleich zustimmende und ablehnende Botschaften empfangen werden. Ich verfahre so, dass ich meinen Weg fortsetze, wenn die Zahl der »Jas« die Zahl der »Neins« übersteigt. Betrachte dann die »Neins« als kleine Kurskorrekturen oder als Lektionen, die du brauchst, damit du in Zukunft erfolgreich sein kannst. Erst wenn gar keine zustimmenden, sondern nur ablehnende Zeichen kommen, ist die Entscheidung für einen neuen Weg angebracht.

Und wenn du einen neuen Weg in Betracht ziehst, dann tu es mit Vertrauen! Und mit Hoffnung! Tu es in dem Wissen, dass das Universum dich liebt und dass, wenn deine gegenwärtigen Pläne nicht funktionieren – und dein Herz und deine Engel dich aufgefordert haben, den alten Weg zu verlassen –, dann mit absoluter, zweifelsfreier Sicherheit etwas Besseres auf dich wartet. So funktioniert das Universum eben, und daran musst du glauben! Bitte den Erzengel Jophiel, deine Gedanken im Positiven und deine Hoffnungen hoch zu halten; dann tritt zurück und sieh zu, wie die Magie sich entfaltet.

Und wenn dein Herz dir mitgeteilt hat, dass du deinen bisherigen Weg weiter fortsetzen sollst, dann habe ich den gleichen Rat für dich: Setze deinen Weg fort mit Vertrauen, Hoffnung und dem Wissen, dass das Universum dich liebt und dass du den Sinn der Stolpersteine auf deinem Weg schon bald durchschauen wirst.

Du bist ein göttliches Kind des Universums. Ein magischer Funke aus dem Feuer des Göttlichen. Was auch immer sich in deinem Leben ereignet, es wird dich früher oder später zur Freude führen. Darauf hast du von Geburt an ein Anrecht. Nimm es an.

Gib nicht auf!

Stellen wir uns also vor, dass du es versucht und wieder versucht hast, und trotzdem wenden sich die Dinge für dich einfach nicht zum Guten. Gleichgültig, wie du es auch anfängst, immer hast du das Gefühl, mit dem Kopf gegen die Wand zu rennen. Jede neue Richtung, die du einschlägst, konfrontiert dich mit einem neuen Hindernis. Scheinbar stehen deine Pläne unter keinem guten Stern. Was also kannst du tun?

Es ist verständlich, wenn sich bei dir gelegentlich Erschöpfung breitmacht; das ist nur menschlich. Außerdem wird es vorkommen, dass du manchmal das Vertrauen verlierst. Und schließlich könnte es geschehen, dass dir der Wille abhandenkommt, die Verwirklichung deiner Träume weiter zu verfolgen … auch das kann etwas durch und durch Menschliches sein.

All das bringt die interessante Frage auf: Wie menschlich sind wir eigentlich?

Wir haben festgestellt, dass wir spirituelle Wesen sind, die eine menschliche Erfahrung machen und voll und ganz daran glauben. Kann es denn dann unserem tiefsten Wesen entsprechen, nicht beharrlich weiterzumachen? Sind wir denn nicht hier, um unser Licht auf eine Weise zum Leuchten zu bringen, dass die Wunder, nach denen es uns verlangt, immer möglich sind?

Sind wir denn nicht selbst … Wunder? Und deshalb Wundermacher?

Ich bin davon überzeugt, dass wir auch in unseren herausforderndsten Augenblicken weiter an unserem Leben schmieden sollen. Gerade dann sollen wir unseren Einsatz verdoppeln und unsere Entschlossenheit verstärken, um in unserem eigenen Leben und im Leben der Menschen in unserem Umfeld etwas zu verändern. Genau dann dürfen wir auf gar keinen Fall aufgeben!

Vor einiger Zeit hatte ich einen schlechten Morgen. Nichts Besonderes, nur einfach einer dieser Tage, an denen nichts klappt. Als ich meinen Tag mit den üblichen Gebeten und Meditationen anfangen wollte, überfiel mich auf einmal die Vorstellung, jetzt sei nicht der richtige Zeitpunkt zum Beten.

Ich befand mich einfach nicht im richtigen energetischen Raum dafür. Und als Nächstes hörte ich in meinem Kopf: *Dann ist das jetzt genau der richtige Zeitpunkt für ein Gebet.*

Die Vorstellung, jetzt nicht zu beten? Das war mein Ego. Es war die Stimme der Abschottung angesichts einer Herausforderung. Die zweite Stimme? Mein Schutzengel. Es hätte auch mein höheres Selbst sein können, aber nach all den Jahren höre ich Joshuas Stimme recht zuverlässig heraus.

Gerade dann, wenn es uns gar nicht nach Beten zumute ist, *sollten* wir vielleicht mit der größten Gewissenhaftigkeit beten. Gleiches gilt für die Herausforderungen, denen wir in unserem Leben begegnen und vor denen wir uns am liebsten drücken würden. Gerade im Augenblick des Aufgebens müssen wir den Schmiedehammer aufheben und unser Leben weiter bearbeiten. Natürlich kann es in diesem Moment mehr als schwer sein, die entsprechende Energie aufzubringen. Was ist da zu tun?

Zu diesem Thema eine kleine Dschinnie-Analogie. Wenn ein Auto stecken bleibt, dann machen sich die meisten Menschen auf den Weg, um Hilfe zu holen. Sie finden jemanden, der ihnen hilft, den Wagen hin- und herzuschaukeln, bis das Fahrzeug genug Schwung hat, um aus dem Loch herauszukommen. Nun, auf die gleiche Weise kannst du dir Unterstützung bei deiner Dschinnie-Gruppe holen. Du kannst dir auf magischem Weg sogar selber helfen, indem du das, was dich festhält, Stück für Stück angehst. Es kommt darauf an, genau das zu tun, was dich über das Hindernis bugsiert.

Vergiss dabei nicht, welche Macht in der Dankbarkeit liegt. Das zum Ausdruck zu bringen, wofür du in deinem Leben dankbar bist, kann dich aus deinem Abwärtssog in eine Aufwärtsspirale führen. Es kann dich auffangen und dich in Bewegung setzen.

Wenn du dich mit deinem Traum festgefahren hast, dann sage ich dir nur das eine: *Gib nicht auf!!!*

Du darfst nicht aufhören! Du darfst nicht klein beigeben! Du musst weitermachen! Wenn etwas deine Leidenschaft weckt, dann sollst du weitermachen, in welche Richtung es dich auch führt. Du darfst nicht aufhören, deiner Leidenschaft zu folgen. Du darfst nicht aufhören, jeden einzelnen Tag deiner Berufung zu folgen. Aufgeben heißt im wahrsten Sinne des Wortes, weniger zu sein als der Mensch, der du wirklich bist.

Wir werden von unseren Träumen definiert. Sie sind es, die uns zwar zu winzig kleinen, aber eben doch magischen Bruchstücken Gottes machen. Sie sind es, die uns in Wundermacher verwandeln.

Hör nie auf, deinen Träumen zu folgen. Du musst das Wunder wahr machen. Gib nicht auf!

Wenn Wünsche aufeinanderprallen

Dienstbare Geister sind eher dafür bekannt, dass sie anderer Leute – und nicht die eigenen – Wünsche wahr machen. Sicher gibt es auch in deinem Leben Menschen, bei denen du gern dazu beitragen würdest, dass sich der eine oder andere Traum verwirklicht. Und das geht sogar! (Manchmal)

Jeder Mensch verfügt über einen freien Willen. So hat uns die Quelle erschaffen, und so sind wir. Es spielt also keine Rolle, wie wohlmeinend du bist: Wenn die andere Person bei dem Wunsch, den du für sie verwirklichen willst, nicht mitmacht, dann ist es unwahrscheinlich, dass du etwas erreichen kannst. Das gilt selbst dann, wenn der Wunsch, den du für jemand anderen hast, tatsächlich in seinem besten Interesse ist. Deine Magie trifft auf seinen Widerstand und kann nichts ausrichten.

Ich weiß aus erster Hand, wie quälend das sein kann. Vor allem dann, wenn die Person, der du helfen willst, deine Hilfe durchaus annehmen *will!* Ich will dir ein Beispiel erzählen.

Jack und Jill sind miteinander verheiratet. Jill ist ein außergewöhnlicher dienstbarer guter Geist! Sie steht in fester Verbindung mit ihrer göttlichen Magie und ist richtig gut darin geworden, für sich ihr eigenes magisches Leben zu erschaffen. Jack andererseits, nun, er ist darin nicht so gut.

Jack hat jetzt seit über einem Jahr keine Arbeit. Anfangs bemühte er sich sehr, einen neuen Job zu finden, aber kein noch so großer Einsatz seinerseits schien sich je bezahlt zu machen.

Mit der Zeit verlor er den Mut. Seine Gedanken glitten überwiegend ins Negative ab, und er war kurz davor, sich der Depression zu ergeben.

Jill will ihrem Mann verzweifelt gerne helfen, und Jack will die Hilfe seiner Frau verzweifelt gerne annehmen! Zwar versteht er dieses ganze Dschinnie-Zeug nicht, aber er muss sich eingestehen, dass Jill auf magische Weise offenbar alles manifestieren kann, was sie sich nur wünscht. Selbstverständlich ist Jack bei allem, was sie für ihn tun kann, damit er Arbeit findet, mit ganzem Herzen dabei.

Wo also ist hier das Problem?, fragst du dich. *Jack nimmt ihre Hilfe an. Das sollte doch genügen, stimmt's?*

Nein, stimmt nicht.

Erinnere dich, Dschinnie-Wünsche reagieren auf Gedanken und Gefühle. Bewusst wünscht sich Jack vielleicht Jills Hilfe, aber seine Gedanken zum Thema Arbeit sind ausschließlich negativ. Seine Gefühle sind von Hoffnungslosigkeit und Verzweiflung dominiert. Der arme Jack ahnt ja gar nicht, dass die Dschinnie in seinem Innern mit ganzer Kraft daran arbeitet, auf seinen inneren Zustand zu reagieren und dafür zu sorgen, dass kein Job des Weges kommt. Jede Stunde des Tages ist sein eigener dienstbarer Geist auf den Erhalt von Jacks Arbeitslosigkeit konzentriert. Das entspricht einem Jack, der sich keine Arbeit wünscht, und einer Jill, die alles dafür tut, damit er einen Job findet.

So läuft es ab, wenn Wünsche aufeinanderprallen. Wie gesagt, es kann herzzerreißend sein.

Meistens beginnt eine derart zwanghafte Negativität in den Gedanken und greift dann auf die Gefühle über. Um einen Ausweg zu finden, klappt es meist am besten, sich mit den Gefühlen zu beschäftigen, denn Gefühle sind das Spiegelbild deiner Gedanken. So kannst du die abwärtsgerichtete Spirale umkehren, wie ich es schon im ersten Kapitel beschrieben habe.

Jack hat sich mit seinen Gedanken ganz und gar der Vorstellung verschrieben, dass es da draußen keinen Job für ihn gibt. Doch seine Gefühle können aus der Depression herausgerissen werden wie ein Korken aus der Flasche: indem man ihn dazu bringt, über etwas anderes nachzudenken, *irgendetwas*, das ihn glücklich macht. Vermutlich wird dazu viel Zeit, fortgesetztes Bemühen und vor allem Jacks Mithilfe notwendig sein. Wenn Jill ihn dazu bewegen kann, sich die Vorstellung anzueignen, dass er seine eigene Dschinnie ist, dann können sie sich gemeinsam darauf konzentrieren, glückliche Gefühle zu bewirken: Basketballspiele, Oldtimer-Shows, Zeit mit Freunden (vor allem, wenn sie fröhlich sind) … sie müssen dafür sorgen, dass es ständig weitere glückliche Momente gibt.

Erst wenn Jacks emotionaler Zustand sich in einer Aufwärtsspirale befindet, erst dann kann Jill mit ihm an seinen Gedanken arbeiten. *Aber nicht zu schnell!* Ein einziges beglückendes Basketballspiel wird vermutlich noch keinen emotional stabilen Jack hervorbringen. Während des Spiels wird es ihm gut gehen, doch sobald er wieder an seine Arbeitslosigkeit denkt, wird er mit Pauken und Trompeten abstürzen.

Ziel muss es sein, Jack emotional so weit in einer optimistischen Grundhaltung zu stabilisieren, dass es ihm wieder möglich wird, sich ein gutes Leben vorzustellen. Dass es im Leben um mehr geht als um einen Job. Irgendetwas Gutes wird irgendwann zur rechten Zeit seinen Weg kreuzen, denn: »Das Universum liebt mich. Aber hallo!« Wenn Jack es so weit schafft, dann wird die Dschinnie in Jill ihm in null Komma nichts einen Job besorgen!

Dann prallen ihre Wünsche nicht mehr aufeinander, sondern verbinden sich miteinander.

Neu motiviert!

Wie du weißt, ist die Dschinnie in deinem Inneren ziemlich erstaunlich. Dennoch bedarf die Magie, die du ersinnst, fast immer deiner Tatkraft. Wenn es dir also schwerfällt, in

Aktion zu treten, dann wird sich deine Magie entsprechend langsam entwickeln.

Motivation kann trügerisch sein. Du bist mehr als bereit, diesen großen Roman zu schreiben, doch stattdessen siehst du dir dabei zu, wie du unwichtige Punkte auf deiner To-do-Liste abhakst, deinen Freunden in den sozialen Medien folgst oder einfach nur auf den Bildschirm deines Computers starrst auf der Suche nach dem nächsten perfekten Wort. Du sagst dir, dass du gleich, wenn du die Wäsche gefaltet hast, das Kapitel angehst, das du schon seit geraumer Zeit abschließen willst.

Aber du hast viel Wäsche zu legen. Und die Tage verfliegen schnell. Bevor es dir bewusst wird, ist wieder eine Woche vorbei, und dein Manuskript ist nicht um einen einzigen neuen Absatz gewachsen.

Ich bin Autor, deshalb habe ich dieses Beispiel stellvertretend für jegliches Projekt, kreative Unterfangen beziehungsweise für jede Leidenschaft gewählt, mit der du vorankommen willst, aber trotzdem keinen Fortschritt machst. Und du hast richtig geraten, die Person, die ich in dem Szenario beschreibe, bin manchmal ich. Ich erlebe Tage, an denen ich mit dem Tippen nicht hinterherkomme! (Hätte ich doch bloß mal einen Zehn-Finger-Schreibkurs gemacht!) Und dann kenne ich Tage, an denen ich diesen tiefen, dringenden und brennenden Wunsch verspüre, meinen Schrank gründlich aufzuräumen.

Also will ich dir ein paar Tipps dafür geben, wie man in Gang kommen kann, wenn alles blockiert scheint:

- Zunächst einmal erbitte Hilfe bei Menschen und Engeln. Wenn du dich vor jemandem verantworten musst, ist das eine ausgezeichnete Motivation, also ruf einen Freund an und erklär ihm, dass du heute unbedingt eine bestimmte Menge Arbeit schaffen willst und dass du sie bisher nur hinausgeschoben hast. Außerdem kann es eine erstaunliche Wirkung haben, die Engel um Hilfe zu bitten! Der Erzengel Gabriel ist eine meiner ersten Adressen, weil sie dir wunderbar hilft, Dinge zum Abschluss zu bringen. Ich bitte sie immer dann um Hilfe, wenn ich nicht aus den Puschen komme.

- Außerdem wähle ich von meiner Aufgabenliste als Erstes das aus, vor dem ich mich am meisten fürchte. Bring's hinter dich! Du kannst dir selbst alle möglichen Belohnungen versprechen, wenn du die dreihundert Worte schaffst, die du dir als Tagespensum vorgenommen hast, oder wenn du den Anruf beim Arbeitsamt hinter dich gebracht hast. Was immer es ist, was du verschiebst, weil du nicht »in der richtigen Stimmung« bist, schaff es vom Tisch. Dann geht alles andere sofort um vieles leichter!

Die Dschinnie-Akademie

Lektion 18: Dankbarkeit ist der Treibstoff des Universums

Dankbarkeit ist ein äußerst mächtiger Teil deiner Dschinnie-Magie. Sie ist ein Manifestationsmittel und ein entscheidender Bestandteil deines Gebets. Dankbarkeit für das zu bekunden, was du bereits hast, setzt deine Energie in einer positiven und aufwärtsgerichteten Weise in Bewegung, die noch mehr Positives in dein Leben holt.

Nimm dir jetzt sofort einen Moment lang Zeit, um dich zu bedanken, nicht nur bei Freunden, Familienmitgliedern und den Menschen in deinem Leben, sondern auch bei Gott, den

Engeln und deinen liebsten Menschen im Himmel, die deiner Meinung nach auf dich aufpassen. Du kannst diese Aufgabe schriftlich erledigen, deinen Dank laut aussprechen oder nur stumm in deinem Kopf abstatten. Versuch dir jeden Tag etwas Zeit zu nehmen, um immer wieder jemandem anderen zu danken, den du noch nicht bedacht hast. (Du kannst dir dazu Notizen machen wie etwa bei den täglichen magischen Gedächtnisstützen in Kapitel zehn.)

Vergiss auch nicht, dir selbst gegenüber Dankbarkeit zu zeigen. Erstelle in deinem Kopf eine Liste von Anlässen, für die du dir Dankbarkeit schuldest! Wenn du solche Anlässe einem anderen anhängen musst, um wirklich Dankbarkeit zu empfinden, dann ist das ein Anfang und besser als nichts!

Sag zum Beispiel zu dir: »Ich bin mir dankbar, weil sonst meine Kinder nicht jemand so Wunderbaren hätten, von dem sie den Unterschied zwischen Richtig und Falsch lernen.« Und schließlich möchte ich dich sagen hören: »Ich bin dankbar für mich, weil ich staunenswert bin!«

Dankbarkeit ist der Treibstoff des Universums … achte darauf, dass dein Tank immer voll ist, und du wirst es weit bringen!

11

Dschinnie-Freude

Vielleicht ist dir aufgefallen, dass ich mir in diesem Buch viel Zeit dafür genommen habe, dich dazu zu ermuntern, im Sinne deines Glücks aktiv zu werden. Dafür gibt es einen einfachen Grund: Freude hat eine Schlüsselfunktion, wenn es darum geht, Zugang zu deiner Magie zu erhalten und sie dir zunutze zu machen. Wenn Glücklichsein nicht das Herzstück eines magischen Lebens ist, was soll das Ganze dann überhaupt?

Also gut, jetzt stelle ich dich vor eine Herausforderung: Glücklich zu sein ist eine Entscheidung, die du triffst. Ja, ja, ich weiß schon. Vermutlich hast du gerade aufgestöhnt, mit den Augen gerollt und eine Grimasse geschnitten. Aber, ernsthaft, hör mich wenigstens zu Ende an.

Unser emotionales Wohlergehen beruht im Wesentlichen auf unserer Wahrnehmung. Wenn wir die Dinge um uns herum als unangenehm oder »schlecht« wahrnehmen, dann reagieren unsere Gefühle entsprechend. Wir empfinden Traurigkeit, Besorgnis und vielleicht sogar Wut. Das fördert wiederum unsere Vorstellung, dass die Welt gegen uns ist, und wir werden sogar *noch* unglücklicher. Die Bewegung ähnelt einer Spirale, und leider ist sie abwärtsgerichtet.

Das Glücksgefühl ist ebenfalls eine Spirale. Wenn wir sehen, dass das Universum uns wirklich liebt, wenn wir die Herausforderungen in unserem Leben als vorübergehende Straßenmarkierungen erkennen, die uns die Richtung weisen sollen, dann erkennen wir auch, wie sehr uns das Göttliche zu schätzen weiß. Vielleicht müssen wir tief Luft holen und den Himmel um Kraft bitten, aber es ist ganz gewiss nicht zwingend, unser Leben in einer Abwärtsspirale zuzubringen.

Um die Illusion von Gefangensein, die dein Ego dir nur allzu gern auf einem Silbertablett präsentiert, zu verhindern, sind Fokussierung, Entschlossenheit und vor allem Wachsamkeit erforderlich. Das Leben ist eine traumartige Erfahrung voller Ablenkungen und endloser To-do-Listen, die dich daran hindern können, den Augenblick wahrzunehmen. Doch es ist genau jener beliebige Augenblick, in dem du dich entscheidest, glücklich zu sein, der dir Macht gibt.

Faule Tomate als Signal

Ich möchte in diesem Zusammenhang eine Analogie zum Besten geben, die sehr albern ist, die mir aber gut gefällt, weil sie meine Argumentation so schön unterstützt.

Wir wollen uns vorstellen, dass du in einem Labyrinth gefangen bist. Stell dir eines dieser großen Heckenlabyrinthe vor, wie man sie manchmal im Film sieht. Lass uns auch annehmen, dass du nicht genau weißt, wo du bist, aber du weißt immerhin, dass du nicht da bist, wo du sein willst.

Während du dich auf deinem Weg durch das Labyrinth befindest, entschließt sich Gott, eine große stinkende faule

Tomate vom Himmel herab direkt vor deine Füße fallen zu lassen. Na, so was! Das ist ja eine freundliche Begrüßung!

> *Weiß Gott denn nicht, dass ich irgendwohin auf dem Weg bin? Wissen denn meine Engel nicht, dass ich für so etwas keine Zeit habe? Wird von mir erwartet, dass ich diese Schweinerei wegräume? Das ist wirklich gemein – warum klappt in meinem Leben nie etwas so, wie ich das möchte?*

Aber du *bist* in einem Labyrinth. In einem großen! In einem Labyrinth von gigantischen Ausmaßen namens Leben. Du bist immer auf der Suche nach dem Mittelpunkt, wo die Belohnung auf dich wartet, oder vielleicht suchst du auch nur den Ausgang.

Und was wäre, wenn ich dir sagte, dass Gott die Tomate vom Himmel fallen ließ, um dir zu helfen? Wenn dir Gott mit der Tomate Folgendes mitteilen wollte:

> *Hallo, du gehst in die falsche Richtung. Wohin du unterwegs bist, da wirst du nicht glücklich. Kehr um und geh in die entgegengesetzte Richtung. Falls erforderlich, schicke ich dir weitere Tomaten als Hinweis. Oder, falls du deine Wahrnehmung im Positiven hältst und mir vertraust, lasse ich für dich stattdessen ein paar weiße Federn als Zeichen fallen. Du hast die Wahl. Jedenfalls liebe ich dich. Und ich werde dich auf die eine oder andere Art aus diesem Labyrinth herausführen. Ganz egal, wie stur du dich stellst, ich werde einen Weg finden, dich zur Freude zu führen.*

Nun denk über Folgendes nach: Die Quelle unserer gesamten Welt liebt dich so sehr, dass sie sich die Zeit nimmt, dir eine faule Tomate vor die Füße zu werfen, nur damit du umkehrst und in eine Richtung läufst, die mehr Glück verheißt. Wie unglaublich du geliebt wirst! Wie sehr wertgeschätzt! Wie sehr vergöttert!

Damit will ich nicht sagen, dass dir faule Tomaten gefallen müssen. Es muss dir auch nicht gefallen, wenn Dinge geschehen, die sich überhaupt nicht großartig anfühlen. Aber ich *will* damit sagen, dass du jederzeit die Hand hochstrecken und sagen kannst:

> *Schon gut, schon gut. Das hat mir nicht gefallen. Aber ich vertraue dir. Ich weiß, dass du mich liebst. Ich hab's kapiert. Ich bin hier nicht gefangen. Kein Mensch und kein Ereignis können mich davon abhalten, meinen Weg zu finden, um meine Träume zu verwirklichen. Also schick von mir aus weiter deine faulen Tomaten, aber falls es dir nichts ausmacht, möchte ich jetzt offiziell meine Bestellung für weiße Federn aufgeben. Zeig mir, in welche Richtung ich gehen soll.*

Wenn du nur begreifst, dass du unendlich geliebt wirst, ganz egal, was sich in deinem Leben ereignet, wenn es dir doch nur gelänge, so viel Vertrauen aufzubringen, dann hättest du viel mehr Macht über dein Glück, als du dir überhaupt vorstellen kannst.

»If you're happy and you know it …«

Im Laufe der Zeit habe ich festgestellt, dass die Menschen es nicht immer wissen, wenn sie glücklich sind.

Damit meine ich nicht die Art von Glück, die sich einstellt, wenn man Geburtstag hat und im Begriff ist, die Geschenke auszupacken. Mit dieser Art Glück kommen die meisten von uns ganz gut zurecht.

Ich meine die Art von Glück, die man empfindet angesichts des großen Überblicks, des Gesamtzusammenhangs. Ich meine das Glück des Rückblicks. Nicht dieses hibbelige momentane Glück, das sich beim Hören eines Popsongs einstellt – das Glück, das ich meine, wird eher von einer gemächlichen mehrstrophigen Ballade ausgelöst. Sie dudelt leise im Hintergrund, und du hast dich vielleicht so an sie gewöhnt, dass du gar nicht richtig bemerkst, wie schön ihre Melodie ist.

Im Laufe der Jahre hatte ich zahllose Begegnungen mit Klienten, Freunden und sogar Geistern aus der Vergangenheit, die ihre Zeit in dem kleinen Land der Reue zubrachten. Du weißt ja schon, dass ich Reue für ein sinnloses Gefühl halte, das dich nur am Vorankommen hindert. Trotzdem bin auch ich keineswegs immun gegen Reue. Sie streckt gelegentlich ihre kalte Hand auch nach meinen Gedanken aus. Wenn das geschieht, dann denke ich: *faule Tomate* und verbanne sie aus meiner Gefühlswelt.

Bei dem rückblickenden Versuch, mich auf eine sinnvolle Art mit meinen Augenblicken der Reue zu versöhnen, habe ich festgestellt, dass sie für Geschichten und Zeiten in meinem Leben stehen, in denen ich verdammt glücklich war. Ich war mir dessen nur nicht ganz bewusst.

Wir sind immer auf der Suche nach dem nächsten tollen Erlebnis, denn schließlich ist da, wo wir gerade nicht sind, immer alles viel besser, stimmt's? Wenn wir das gegenwärtige Maß unseres Glücks nicht mehr spüren, dann ist es ganz natürlich, von der nächsthöheren Stufe zu träumen. Das kann uns nicht nur dazu veranlassen, missmutig auf unsere gegenwärtige Situation zu blicken, sondern uns auch den Blick darauf verstellen, dass die Dinge eigentlich gerade ganz schön gut laufen.

Um in einem Zustand der Dschinnie-Freude zu bleiben, musst du regelmäßig eine Dankbarkeitseinschätzung vornehmen. Mach die Übung von Lektion 16 regelmäßig. Frage dich: Was macht dich gegenwärtig beim Blick auf dein Leben glücklich? Auf welche Weise ist dein Leben heute besser als in der Vergangenheit?

Außerdem möchte ich dich ermutigen, weiter zu wachsen und immer noch mehr Freude in dein Leben zu holen. Dabei darf aber das momentane Glück nicht in Vergessenheit geraten, denn es vergrößert deine Aussicht auf noch mehr Glück in der Zukunft.

Denn wenn du auf dein Glück fokussiert bleibst, dann wird es sich weiter vermehren. So funktioniert Dschinnie-Magie eben.

Abwehrmittel gegen Freude

Sind dir schon einmal Menschen begegnet, die sich nicht freuen können, ganz egal, was geschieht? Vielleicht gibt es von ihnen sogar einige in deinem Leben. Sie sind entweder

Schwarzseher oder Panikmacher. Wie gut ihr Leben auch sein mag, sie überlassen sich lieber Katastrophenszenarios und all dem Unheil, das geschehen könnte (und das dann meist auch geschieht).

Kürzlich hat sich meine Freundin Samantha neu verliebt. Es war magisch, zugleich aber auch recht unerwartet. Offen gesagt, sie hatte die Hoffnung aufgegeben, in unserer Stadt noch Liebe und Glück zu finden, und war deshalb im Begriff fortzuziehen.

Du kannst dir vorstellen, was dann kam, nicht wahr?

Pardauz! Sie lernte jemanden kennen und verliebte sich Hals über Kopf. Ich freute mich, weil ich hoffte, meine Freundin würde dann doch in der Stadt bleiben. Die Neinsager im Freundeskreis reagierten merkwürdig: »Stoß bloß nicht deine Pläne um! Das ist vermutlich sowieso nur eine flüchtige Affäre. Du solltest unbedingt dabei bleiben und umziehen.« Andere sagte: »Du bist einfach zu romantisch. Du erwartest immer zu viel.« Und natürlich gab es auch das übliche höhnische Augenrollen.

Als Samantha und ich über diese Reaktionen sprachen, fragte sie mich: »Warum können diese Leute nie glücklich sein? Es kommt mir vor, als wären sie mit einem Abwehrmittel gegen Freude eingesprüht!«

Ihre Bemerkung erschien mir unglaublich treffen. Kannst du dir eine riesige Sprühdose vorstellen, auf der ein Gesicht mit gerunzelter Stirn Stimmung gegen Freude macht? Das Produkt würde einen Namen haben wie »Glücks-Killer«. In Werbeanzeigen würde es heißen: »Der vollkommene Schutz gegen Enttäuschungen, gebrochene Herzen und andere mögliche Ursachen für Tränen.«

Mit diesem Abwehrmittel gegen Freude bekommt man Risiken in den Griff. Gewiss kann man sich damit schön sicher fühlen, aber welchen Sinn hat das Leben dann noch? *Jeder* Mensch ist irgendwann einmal verletzt worden. Samantha wurde viele Male verletzt. (Manchmal war ich dabei und musste es miterleben.) Aber wie Samantha mir in unserem Gespräch klarmachte, würde sie lieber die Freude und Aufregung der Liebe spüren – und sei es nur für ein paar Minuten! – und dann ein gebrochenes Herz haben, als nichts davon jemals zu fühlen. Sie war bereit zu einem Vertrauensvorschuss.

Der Weg zur Dschinnie-Freude verlangt, dass du mit wilder Unbekümmertheit das anstrebst, was du willst, auch wenn es dir Angst macht und riskant ist. Auch dann, wenn die Freude nur vorübergehend ist. Du kannst ja nicht wissen, ob die Freude bleibt, wenn du ihr keine Chance gibst!

Diese Welt ist ein Spielplatz. Zugegeben, gelegentlich ein ziemlich verrückter. Aber wir sind hier, um schöpferisch tätig zu sein. Wir sind auf diesem Planeten, um uns für die Freude zu öffnen, nicht um uns aus Angst, dass wir später vielleicht leiden, gegen sie zu verschließen. Magie resultiert aus deiner Vision von einem glücklicheren Leben und deiner Bereitschaft, auf dem Weg zu diesem Glück Risiken einzugehen.

Hier also meine Frage an dich: Hast du dich mit Glücks-Killer eingesprüht? Gehst du dem Leben aus dem Weg aus Angst, verletzt zu werden? Denn ich will dir ein kleines Geheimnis über dieses Abwehrmittel gegen Freude verraten: Man kann es abwaschen. Du kannst dich anders entscheiden. Du kannst mit deinem Vertrauen in Vorleistung gehen und der Freude hinterherjagen.

Spieglein, Spieglein …

Man könnte mit Recht behaupten, dass fast alles, was uns im Leben begegnet, ein Spiegel ist. Wenn wir unsere Wirklichkeit erschaffen, was sonst könnte die Wirklichkeit sein als das Spiegelbild unseres Innenlebens?

Herausforderungen durch andere können einen zur Verzweiflung treiben, und manchmal haben die anderen alles auf ihrer Seite. Doch meistens stellen wir uns nur selbst ein Bein. Und sobald Klarheit über die Zusammenhänge besteht, verschwinden die lästigen Details, an denen wir uns festgebissen haben, meist ganz von alleine.

Mir ist das nicht immer bewusst, aber während herausfordernder Augenblicke oder in besorgten Momenten höre ich auf zu atmen oder atme flacher. Vielleicht kommt dir das bekannt vor. Wenn wir uns Sorgen machen oder Angst haben, dann neigen wir dazu, unseren Atem anzuhalten.

Darüber wollen wir einen Augenblick nachdenken. Wenn Atem Leben ist und wir unseren Atem anhalten oder verringern, dann hören wir auf, in vollem Maß zu leben. Wir hören auf, alles aufzunehmen, was das Leben uns zu bieten hat, nur weil wir Angst vor dem haben, was als Nächstes kommen könnte.

Leider gibt es kein Hochplateau des Glücks im Leben, das dürfen wir nicht vergessen. Es gibt nur die Stelle, an der wir unseren weiteren Aufstieg unterbrechen. Es gibt immer noch eine größere Freude, die man erreichen kann. Es ist immer mehr da, als wir sein können.

Um die Metapher noch weiter auszuführen: Das Hinaufsteigen auf den Berg bereichert unser Leben. Der Blick wird immer atemberaubender. In vielen Geschichten kommt ein Einsiedler auf dem Gipfel des Berges vor. Er ist der Inbegriff spirituellen Wissens und innerer Weisheit. Wenn wir weiterklettern, dann dürfen wir uns ihm anschließen, und unser Licht wird für alle sichtbar. Wir werden zu einem Fanal der Ermutigung für die Welt.

Ich habe Leid und gebrochene Herzen gesehen. Aber *nichts* von alledem hat jemals irgendwo anders hingeführt als zu Wachstum. Ich könnte dir traurige Geschichten aus meiner Vergangenheit erzählen, aber wozu? Rückblickend gibt es nichts in meinem Leben, das ich verändern würde, denn ich liebe mein Leben, wie es jetzt ist. Selbst inmitten der traurigsten Ereignissen meines Lebens glaube ich fest daran, dass ich, solange ich ehrlich mit mir bin, solange ich absolut vertrauensvoll in das »Spieglein, Spieglein« meiner Seele blicke und solange ich weiter wacker den Berg hinaufklettere, immer wieder zu der gleichen Schlussfolgerung gelangen werde:

Alles, was geschieht, soll mich zur Freude führen.

Emotionale Erinnerung

Die Erinnerung ist eine mächtige Gabe. Wir können sie nutzen, um Freude in einen ansonsten düsteren Tag zu bringen, und leider auch, um uns schlecht zu behandeln und uns mit Dingen aufzuhalten, die uns unglücklich gemacht haben. Es gibt zwei Arten von Erinnerung:

- intellektuelle Erinnerung – die typische Art, an die die meisten von uns sofort denken

- emotionale Erinnerung – da ich kein Psychologe bin, ist dies nur ein Begriff, den ich nutze, um Glück in unsere Herzen zu tragen, wenn wir aktuell gerade nichts haben, woran wir uns freuen können

Ich will dir ein Beispiel geben:

Ich finde Halloween klasse! Im Ernst, es ist einer von diesen Feiertagen, díe mein inneres Kind vor Begeisterung jauchzen lassen! Und nur damit es keine Missverständnisse gibt: Horror-Halloween kann ich *nicht* leiden. Um die Wahrheit zu sagen, mag ich Horrormäßiges in keiner Form. Den letzten Horrorfilm habe ich als Teenager gesehen. Ich habe damals herausgefunden, dass solches Zeug nichts anderes bedeutet als drei Wochen verlorenen Schlaf und eine noch längere Zeit, um die Bilder wieder aus dem Kopf zu bekommen. Davon will ich nichts wissen, vielen Dank.

Mir gefällt das, was ein Freund als »skurriles Halloween« bezeichnet hat. Ich mag Halloween für Fünfjährige! Im Herbst ist mein Haus mit funkelnden, fröhlichen Kürbislaternen dekoriert, die langsam durch alle Farben wechseln. (Ja, genau, mit Glitter bedeckte Kürbislaternen … auch wenn es dich schockiert.)

Ich schmücke mein Haus so, dass Kinder es mit Entzücken ansehen und nicht erschrecken. Ich verkleide mich dann gerne als Peter Pan – das sprichwörtliche Kind, das nicht erwachsen werden will. Ich bin immer auf Hunderte Süßigkeitensammler vorbereitet, denn da kann ich grenzenlos viel Dschinnie-Freude manifestieren!

Hoffentlich verschafft dir diese Beschreibung eine Vorstellung davon, was ich mit emotionaler Erinnerung meine. Ich zapfe Erinnerungen aus meiner Vergangenheit an – eigentlich aus meiner Kindheit –, die mein Herz vor Glück wachsen lassen. Das ist die Macht der Erinnerung, die ich meine. Sie kann dir die Kraft verleihen, unglaubliche Dinge in deinem Alltag zu leisten.

Ich warne immer davor, die Vergangenheit zu romantisieren, aber nicht immer ist das schlecht. Manchmal kann es ein Hindernis sein, die Vergangenheit durch eine rosafarbene Brille zu sehen – insbesondere dann, wenn deine Bilder von der »guten alten Zeit« dich am Vorwärtskommen hindern.

Doch von einem positiven Standpunkt aus zurückzublicken und damit die Vergangenheit zu heilen, dafür lässt sich ebenfalls einiges sagen. Manchmal kann die Erkenntnis, dass es besonders gute Augenblicke gab, die aber in Vergessenheit geraten sind, schon etwas bewirken. Wenn es dir gelingt, zurückzublicken und zu erkennen, dass die Motive bestimmter Leute doch besser waren, als du bisher angenommen hast, dann kannst du dich von alten Verletzungen befreien.

Rückblicke und emotionale Erinnerung sind miteinander verbunden. Und wenn sie falsch zum Einsatz kommen, dann können sie Schaden anrichten. Kommst du im Laufe der Zeit zu einer negativeren Einschätzung der Vergangenheit, als ihr tatsächlich gerecht wird, dann vertiefst du deine Wunden. Möglicherweise blähst du frühere Übeltaten ungewollt nur zusätzlich auf und verletzt damit niemanden mehr als dich selbst. Auf einmal wird dann Vergebung zu einer Herausforderung. Und inzwischen weißt du ja, dass Unversöhnlichkeit wie ein Krebsgeschwür in *dir* wächst – und nicht in dem anderen, der dir geschadet hat.

Wenn sich Freude in deinem Herzen anreichert, dann kannst du mit deiner Dschinnie-Magie viel besser die magischen Dinge manifestieren, die du dir wünschst. Ist dein Herz aber von Traurigkeit erfüllt, nun … dann wird es dir schwerfallen, auch nur ein Brötchen zu manifestieren, ganz zu schweigen von deinen liebsten Hoffnungen und Träumen.

Hier also mein Rat: Gewöhn es dir an, regelmäßig in jedem Teil deines Lebens nach Freude zu suchen. Erinnere dich an das Glück. Lass dein Herz jeden Tag wachsen!

Die Dschinnie-Akademie

Lektion 19: Freude addieren!

Du brauchst wieder dieses hosentaschengroße Notizbuch aus der ersten Lektion. Damals hast du nach dem Negativen gesucht, dessen du dich unbewusst ständig selbst bezichtigt hast. In dieser Lektion nun suchst du nach dem Positiven, das rings um dich her geschieht!

Führe eine Liste über alles, was dich zum Lächeln bringt. Wenn sich etwas Kleines ereignet, das dich glücklich macht, und sei es nur für einen Augenblick, dann schreib es auf. Falls du zufällig einen Witz mitangehört hast, der dich zum Lachen gebracht hat, nimm ihn in deine Liste auf. Notiere in den nächsten paar Tagen alles Positive. Zum Beispiel muss ich immer lächeln, wenn ich Kinder spielen sehe. Ein Spaziergänger mit einem Hund löst immer ein Glücksgefühl in meinem Herzen aus.

Jetzt ist es an der Zeit, alle diese Freuden zusammenzuzählen. Wie oft im Verlauf eines Tages, an dem du deine Liste erstellt hast, warst du glücklich? Ist dir bei deiner

Buchführung aufgefallen, dass die Momente der Freude und des Glücks stetig zunehmen? Ist es dir am Schluss fast auf die Nerven gefallen, dass du so viel aufzuschreiben hattest?

Wenn ja, dann machst du ohne Zweifel etwas richtig!

Die Magie in dir

Wir haben fast das Ende unserer gemeinsamen magischen Dschinnie-Reise erreicht. Das Wissen, das ich an dich weitergegeben habe, sind die Schritte, die es mir gestattet haben, eine Welt zu verlassen, in der ich anfangs unglücklich und alleine war. Früher einmal habe ich all meine Zeit damit zugebracht, andere Menschen glücklich zu machen, mein wahres Ich vor mir zu verbergen und in einem Beruf zu arbeiten, der wenig mit mir zu tun hatte. Die Vorstellungen, die ich vor dir ausgebreitet habe, ermöglichten es mir, mit meiner inneren Dschinnie in Kontakt zu treten und zu meinem jetzigen magischen Leben zu finden, das ich mit wunderbaren Menschen teile. Ich bin mein wahres authentisches Selbst. Ich habe meinen Traumberuf, der immer besser und besser wird. Und ich bin fast ununterbrochen glücklich. Welche Träume auch immer ich noch habe, ich arbeite an ihnen und sehe zu, wie sie wachsen und gedeihen.

Das Schöne an der Sache ist – und ich hoffe, du hast das inzwischen begriffen –, dass es nichts in diesem magischen Führer gibt, was *du* nicht ebenfalls tun könntest. Auch in dir wohnt ein dienstbarer Geist, eine magische Dschinnie, und sie ist nichts anderes als ein göttlicher Kompass, der direkt zur Freude führt. Mit anderen Worten: Du bist eine magische Dschinnie, du bist ein magisches Genie, und du kannst in deinem Leben Magisches geschehen lassen.

Deine Dschinnie-Wiederholung

Ein paar letzte Gedanken habe ich noch für dich, aber zunächst ist wohl ein kleiner Rückblick angebracht. Hier also eine rasche Übersicht über die Dinge, die du in Zukunft beachten musst, wenn du ein magisches Leben führen willst:

- Wisse, dass es Engel gibt. Sie sind da, um dir zu helfen, also lass sie genau das tun. Finde heraus, wie du am liebsten mit dem Himmel ins Gespräch kommst, und lass dieses Gespräch nicht abreißen.
- Beginne jeden neuen Tag damit, dass du zu dir selbst etwas Wunderbares sagst. Bestärke dich darin, dass heute ein magischer Tag sein wird. Bitte deine Engel, dich den ganzen Tag lang zu leiten, damit deine Schritte dich zum Glück führen.
- Hab Vertrauen, dass du geliebt wirst. Glaube daran, dass das Universum dich beständig zur Freude hinschubst, auch wenn es sich gerade nicht so anfühlt. Wenn es dir gelingt, das wirklich zu verinnerlichen, dann wird dein Leben auf der Stelle besser.
- Lebe jeden Tag so, als sei jede einzelne Minute magisch, denn so ist es. Folge deinem Herzen, doch gewähre deinem Verstand ein aufrichtiges Mitspracherecht.
- Bleib wach! Suche nach der Magie! Nimm die Synchonizitäten an! Suche nach den Zeichen des Himmels, und sei im Gespräch mit dem Himmel du selbst.

- Lerne es, deine Gedanken – und damit deine Gefühle – zu kontrollieren, damit du deine Dschinnie-Magie einsetzen kannst, um das zu erschaffen, wonach du dich sehnst, statt das, wovor du dich fürchtest.
- Verurteile dich nicht. Vergleich dich nicht mit anderen Menschen. Mach dir klar, dass du jeden einzelnen Tag deines Lebens dein Bestes gibst. Und am nächsten Tag wirst du sogar noch Besseres geben, weil du seither gewachsen bist. Sei stolz auf dich.
- Verurteile auch andere Menschen nicht. Im Ernst. Das lässt dich nur annehmen, auch sie würden dich verurteilen.
- Sorge dafür, dass Reue, Angst und Unversöhnlichkeit aus deinem Leben verschwinden. Sie helfen dir nicht weiter. Tu, was du musst, um diese Gefühle zu heilen, und lass sie dann los.
- Entferne Dramen auf jede nur erdenkliche Weise aus deinem Leben. Falls du ein Dramaholiker bist, dann ersetze negatives Drama durch positives. Du erlebst den gleichen Rausch, nur macht er dich sehr viel fröhlicher.
- Entlasse Drama-Meister aus deinem Leben. Ich weiß, es könnte sein, dass du einen Ehegatten oder ein Kind hast, bei dem das nicht geht. Aber sei aufrichtig – es gibt mit Sicherheit jede Menge Menschen in deinem Leben, die dir alle nur erdenklichen Formen von Ärger bringen und von denen du dich leicht verabschieden könntest. Beziehungen, in denen der andere immer nur nimmt, nimmt, nimmt und nie etwas zurückgibt, solltest du aus deinem Leben rausschmeißen.
- Vergib, vergib, vergib. Anderen? Ja. Aber am allermeisten dir selbst. Für alles.

- Sei klar darin, was du dir wünschst. Triff echte Entscheidungen. Wähle nicht einfach irgendetwas, weil es sich gerade anbietet. Mach dir klar, dass du deine Träume nicht ohne Grund hast: Du sollst ihnen folgen.
- Richte dich nach deiner göttlichen Führung. So bist du energetisch auf die Realisierung deiner Träume vorbereitet, und erhältst direkten Zugang zu deiner inneren Dschinnie und der Magie, die dein Leben staunenswert macht.
- Gib dir genug Zeit, um Vertrauen in deine Fähigkeit aufzubauen, das magische Leben zu schaffen, das du dir wünschst. Fang mit kleinen Schritten an, wenn das sein muss, und trainiere deine »Vertrauensmuskel«.
- Gründe Gruppen mit anderen Dschinnies, die dir helfen, deine Träume zu manifestieren. Hilf ihnen deinerseits bei ihren Träumen.
- Wenn die Magie in Gang kommt, dann lade dir nicht mehr auf den Teller, als du bewältigen kannst. Sag Ja zu all deinen Träumen – es sei denn, es ist zu viel, dann ist es auch in Ordnung, Nein oder »jetzt nicht« zu sagen.
- Tu Dinge, die dir helfen, dich wieder als Kind zu fühlen, was immer es auch sein mag. Schenke denen keine Beachtung, die dich wegen deiner Albernheit abwerten. Ja, ich rate dir dringend, dringend, albern zu sein.
- Lache oft. Lache laut. Über irgendetwas. Egal was. Am häufigsten über dich selbst. Vermutlich wegen etwas, was du getan hast, als du albern warst.
- Mach dich selbst zu deiner allerersten Priorität. So viel du kannst, jeden Tag.
- Liebe deine Familie und gestatte ihr, dich zu lieben. Wenn das in deiner Ursprungsfamilie nicht geht, dann stell dir

eine Familie eigener Wahl zusammen, die dich unterstützt und wertschätzt.

- Sei immer, immer, immer dein echtes, authentisches Selbst. Das ist eines der wichtigsten, magischsten Dinge, die du tun kannst. Ich verspreche dir, das wird dein Leben auf eine Weise verbessern, die du dir noch gar nicht vorstellen kannst.
- Keine Zeitreisen! Wenn du mit den Augen am Rückspiegel klebst, dann entgeht dir das Jetzt, und du bist nicht auf die Zukunft vorbereitet.
- Empfinde im Verlauf eines Tages wenigstens für eine Sache in deinem Leben Dankbarkeit. Dankbarkeit ist der Treibstoff des Universums. Je mehr du deinen Tank damit füllst, desto weiter kommst du.
- Erfülle dein Lebensumfeld mit Magie, damit seine Energie dich voranbringt in das Leben deiner Träume.
- Sei freundlich zu deinen Mitmenschen. Übe dich in ungezieltem magischem Handeln. Lächle Fremde an. Die meisten werden zurücklächeln. Schicke Engel der Liebe zu jenen, die es nicht tun.
- Freunde dich mit deinem Körper an. Behandle ihn gut.
- Vermeide es um jeden Preis, etwas zu tun, was du selbst als falsch erachtest. Es ist gleichgültig, was die Gesellschaft denkt. Dass du denkst, es ist falsch: Nur das zählt. Gegen sein Gefühl zu handeln kann nicht gut gehen und macht dich unwürdig. Es steht zwischen dir und deiner Magie.
- Umgib dich mit Menschen, die anders begabt sind als du. Das erweitert deinen Horizont und schafft neue Gelegenheiten für Freude.

- Erinnere dich daran, dass deine Wirklichkeit nicht die einzige ist. Bewahre dir einen offenen Geist für die Standpunkte anderer. Du musst nicht mit ihnen einer Meinung sein, aber du musst dich auch nicht unbedingt mit ihnen streiten. Kanalisiere deine Energie stattdessen in einen friedlichen Aktionismus, wenn es dich in diese Richtung zieht.
- Übertrage unter keinen Umständen deine Macht auf andere. Du bist deine eigene Dschinnie und nicht die eines anderen.
- Gib der Vorstellung von erotischer Liebe in deinem Leben Raum, aber verabschiede dich davon, den »perfekten Partner« haben zu müssen. Gestatte es dem Universum stattdessen, dir bereichernde und freudige Beziehungen zu schicken, die dir beim Wachsen helfen und dich dir selbst jeden Tag ein bisschen näher bringen.
- Gib nie auf! Folge jedem Traum, den du hast. Wenn er sich nicht verwirklichen lässt, dann vertraue darauf, dass etwas Besseres auf dem Weg ist, und verfolge auch dies mit Leidenschaft.
- Liebe das Leben. Liebe deine Mitmenschen. Liebe dich selbst.

Das Leuchten in deinen Augen

Ich gebe es offen zu: Ich habe ein Leuchten in den Augen. Ich sehe die Welt pragmatisch, aber in den fröhlichen Schattierungen der Hoffnung. Ich bin mir der Herausforderungen bewusst, vor denen die Welt steht – ebenso wie ich –, aber ich glaube mit jeder Faser, dass das Universum uns alle liebt, uns vergöttert und uns grenzenloses Glück gönnt.

Warum also sollte ich kein Leuchten in den Augen haben?

Du weißt … auch du hast ein Leuchten in deinen Augen. Ich hoffe, du bist dir dessen bewusst. Die Leute, die ich kennenlerne, werfen mir leuchtende Blicke entgegen, wenn ich vor ihnen Vorträge halte oder wenn sie in einer Reihe darauf warten, dass ich ihnen ihre Bücher signiere. Ich sehe ihr Leuchten sogar zwischen den Zeilen der Seiten ihrer sozialen Medien oder höre es im Klang ihrer Stimmen, wenn sie mich nach meinen Radiosendungen anrufen. Das Leuchten in deinen und meinen Augen ist die Magie, die in uns wohnt, denn Magie tritt immer mit einem Leuchten in Erscheinung.

Ich betrachte das Leuchten in meinen Augen nicht als etwas Besonderes. Es gehört zur Standardausrüstung für jeden von uns. Eines der Geschenke, die ich jedoch besonders wertschätze, ist die Fähigkeit, die Schönheit nicht nur im Leben sondern auch in jeder Person zu sehen, die ich kennenlerne. Diese Gabe ist mein Ein und Alles. Vielleicht ist sie mir sogar die liebste von all den Gaben, mit denen mich der Himmel gesegnet hat. Dazu in der Lage zu sein, einen Menschen nur anzublicken und die Magie in ihm zu sehen und sie ihm – hoffentlich – sofort zu spiegeln, damit er selbst sehen kann, welche Schönheit ihn erfüllt.

Weißt du von deiner Schönheit?

Es kann natürlich sein, dass du deine leuchtende Macht einfach vergessen hast. Falls ja, dann lass dir versichern: Das Leuchten ist noch da. Aber es ist glanzlos, weil du nicht auf die Magie des Lebens fokussiert bist, die dein Leuchten glänzen lässt. Ich bete inbrünstig darum, dass dich dieses Buch wenigstens ein bisschen an diese Kraft in dir erinnerst. Wenn das Leuchten in deinen Augen verblasst ist, dann hoffe ich, dass wenigstes mit der Zeit das göttliche Licht in dir wieder zu glimmen beginnt.

Falls du die Übungen aus der Dschinnie-Akademie noch aufgeschoben hast, dann will ich dich ermutigen, sie jetzt zu machen. Sie sind dein Schlüssel, um dein Leben und Sein in der Welt der Magie zu transformieren, auf die du ein Anrecht hast. Und mit der Transformation kehrt das Leuchten in deine Augen zurück. Was am Anfang nur ein Glimmen war, wird sich in ein strahlendes Leuchten verwandeln.

So können wir, deren Dschinnies wach sind und Magie treiben, einander erkennen: *an dem Leuchten in unseren Augen.*

Es gibt nichts, was du nicht haben, nichts, was du nicht tun kannst. Alles steht dir offen – und das, ich versichere es dir, ist genau das, was Gott will. Gott *will*, dass dir alle Türen offen stehen. Und das ist es auch, warum ich weiß, dass das Leben Magie ist.

Dank

Ein magisches Leben zu führen ist untrennbar verbunden mit den magischen Menschen, die es ermöglichen. In meinem Fall sind die Segungen endlos. Mein tiefster Dank geht an …

- Doreen Virtue: Mentorin, Schwester und Freundin. Ich weiß nicht, womit ich dich verdient habe, und wie üblich finde ich keine Worte für meine Dankbarkeit. Also sage ich nur: »Rosa Schnecke in Italien«, und belasse es dabei.
- Reid Tracy, Patty Gift und Alex Freemon: weil ihr euren Glauben an mich nie aufgegeben und mir all diese wunderbaren magischen Gelegenheiten verschafft habt, das Leben meiner Träume zu verwirklichen. Ich bin erfüllt von Dankbarkeit.
- Louise Hay: für diesen wunderbaren sicheren Hafen, den eine Dschinnie braucht, um ihre Magie zu wirken. (Ich hätte dir wirklich meine Schuhe geben sollen.)
- Nicolette Salamanca Young: Ich weiß nicht, ob es ohne dich je zu diesem Buch gekommen wäre. Vielen Dank dafür, dass du mein Anfeuerer, mein Coach warst und jetzt meine Freundin bist.
- Nancy Levin: Du weißt, was du getan hast, und ich werde dich dafür immer und ewig lieben.
- Sherry Warren: weil du mir geholfen hast, den Kopf über dem Wasser zu halten, mir Felsvorsprünge ausgeredet hast, mich erbittert beschützt hast. Und für »die Gruft«.
- John Holland, Denise Linn und Neale Donald Walsch: Eure Bücher haben mein Leben verändert und haben mich auf den Weg zur Magie geführt. Ich werde euch für alle Zeiten dankbar sein.

- Michael David Virtue: weil du mir auf liebevolle Weise nie irgendetwas hast durchgehen lassen, und das gefällt mir außerordentlich.
- Lee Crump: für deine Liebe und den Ring und weil du es mir gestattet hast, barfuß bei Tiffany herumzulaufen. Du ermöglichst es mir, dieses Leben zu führen.
- Raven, Jace und Riley: für Magie, Lachen und Freude ohne Ende.
- Rhonda, Ted, Thaniel und Keira Parolari und Kristyn und Alex Bullard: wegen des Lachens. Weil ihr immer da wart. Weil ihr es geschafft habt, dass ich mich immer sicher und niemals allein gefühlt habe. (Ach ja, und für Disney World.)
- Wanda Valentine, Norma Lewis und Luda Patton: Mutter, Tante und Großmutter, in dieser Reihenfolge. Ich glaube, man nennt das »bedingungslose Liebe«. Danke, dass ihr mir beigebracht habt zu glauben.
- Leah Lewis Paschel: Du bist meine Cousine und meine »andere Schwester«. Ich danke dir für deine Liebe, die du mir entgegenbrachtest, obwohl ich immer merkwürdiger wurde.
- Dan Stone: Lieber Sammie, vielen Dank, dass du mein Seelengefährte und mein »gespiegeltes Ich« bist. In Liebe, Serena.
- Mark Isley, Jeff Gurney und Mark Schaffer: weil ihr die besten Brüder seid, die irgendein Typ überhaupt haben könnte. Und für Spanien. Ihr seid meine allerbesten wahr gewordenen Wünsche.
- Luc Beaudoin, Raphael Cordova und Ben Wankel: weil ihr irgendwie an mir festgeklebt seid und mich trotzdem liebt. Ihr alle seid wertvolle Bestandteile meines Lebens.

- Susan Dintino und Heather Hildebrand: für die Gebete, das Lachen und für euer Achtgeben darauf, dass ich nicht vergesse, wer ich bin. Ihr seid meine Superheldenschwestern.
- Eric Grauberger: weil ich praktisch alles sagen kann und dabei nicht in Gefahr gerate.
- Robert Reeves: weil du klüger bist, als man bei deinem Alter annehmen würde, und mich endlos zum Lachen gebracht hast. Warum haben wir nur nie genug Zeit?
- Jason Garrett: für Klarheit in so vielen Dingen, für Albernheiten und weil du mich nie aufgegeben hast.
- Tanya Jahnke: weil du mein Zuhause magisch aufgepeppt und mein Herz mit Freundschaft gefüllt hast. Lieb dich, Mädel.
- Nora und David Lasky: weil ihr eine irre Zahl Träume wahr gemacht habt.
- Michael Hobbs: weil du mich all die Jahre beschützt und mir geholfen hast zu verstehen, wer ich bin.
- Kim Goehring und Kay Sweeney: weil ein Sci-Fi-Nerd Freunde braucht.
- Beth Urquhart: Ohne dich hätte ich nichts davon zuwege gebracht. Völlig undenkbar.
- Greta Lipp, Mollie Langer und Mairead Conlon: weil ihr die allerbesten Produzenten des Planeten seid – und außerdem meine Freunde. Vielen Dank, dass ihr immer, immer dafür gesorgt habt, dass ich mich als etwas Besonderes fühle.
- Mike Joseph, Rachel Fernandes, Mitch Wilson, Steve Morris, Rocky George und alle anderen bei Hay House Radio: weil ihr aus Magical Times etwas wirklich

Magisches gemacht und mir so viel Spaß bereitet habt. Ihr seid klasse!

- Michelle Pilley, Jo Burgess, Julie Nolan und das ganze Hay-House-Team in Großbritannien: weil ihr mir immer eine Gelegenheit verschafft habt zu leuchten.
- Jennifer Simmons, Donna Abate und Craig Johnson: weil ihr den genesenden amtlich zugelassenen Buchhalter (der gar nicht wusste, was er tat) immer wie einen Rockstar behandelt habt. Das vergesse ich euch nie.
- Pat Blocker, Kathy Azuenaga und Dr. Julie Kelly: weil ihr es mir ermöglicht, die ganze Welt zu bereisen mit dem sicheren Gefühl, dass es meinen Kindern gut geht.
- Patrina Odette: Du bist meine gute Freundin, aber du bist auch die magischste Fotografin. Vielen Dank dafür, dass du mich immer gut aussehen lässt.
- Gregg Hoffman: weil es zu einem magischen Leben dazugehört, einen starken Körper zu haben und sich mit ihm wohlzufühlen. Du bist der beste Personal Trainer, den es gibt!

Über den Autor

Radleigh Valentine ist ein Bestsellerautor aus dem Hay House Verlag und der Koautor von fünf Tarot-Sets, einem Engelorakel-Set und einem Buch, jeweils gemeinsam mit Doreen Virtue. Als anerkannter spiritueller Lehrer hat er seit 2012 bei mehr als siebzig Veranstaltungen in zehn verschiedenen Ländern gesprochen, darunter auch bei mehr als einem Dutzend Hay House »I Can Do It«-Events. Er ist außerdem regelmäßig Teilnehmer des jährlich stattfindenden Hay House Summit und häufig Gastsprecher auf dem Angel World Summit in London und auf Engelkongressen in Deutschland und Österreich.

Seine Hay-House-Radiosendung *Magical Things with Radleigh Valentine* ist eine Mischung aus Unterweisungen durch Lachen und ergreifenden Deutungen, die er für die Zuhörer vornimmt. Sein äußerst populäres Video *Ask Rad!* wird wöchentlich paralell auf Facebook und Instagram gepostet.

Mehr über Radleigh Valentine erfährst du auf www.radleighvalentine.com.